林地情境课程

幼儿园自然教育解决方案

王艳 ◎ 著

吉林教育出版社
·长春·

图书在版编目（CIP）数据

林地情境课程：幼儿园自然教育解决方案 / 王艳著.
长春：吉林教育出版社，2025.5. -- ISBN 978-7-5734-4215-4

Ⅰ.G613.3

中国国家版本馆 CIP 数据核字第 2025D6D233 号

林地情境课程：幼儿园自然教育解决方案

王 艳 著

选题策划	赵 月	装帧设计	周 琼
责任编辑	范丽娟		

出　版　吉林教育出版社（长春市同志街1991号　邮编　130021）
发　行　吉林教育出版社
印　刷　文畅阁印刷有限公司

开　本　787 毫米 × 1092 毫米　　1/16　　印张　14　　字数　196 千字
版　次　2025 年 5 月第 1 版
印　次　2025 年 6 月第 1 次印刷
书　号　ISBN 978-7-5734-4215-4
定　价　68.00 元

序言 Preface

《林地情境课程：幼儿园自然教育解决方案》一书与大家见面了，这是常州市钟楼区五星幼儿园（以下简称五星幼儿园）教师们崇尚自然教育理念、践行《3—6岁儿童学习与发展指南》《幼儿园保育与教育质量评估指南》和推进课程游戏化从理念到行为的生动演绎，也是孩子们运动、游戏、学习等童年生活的真实写照。

孩子是自然之子，孩子的生命是与万物相互开放、相互融通和直接交流的，大自然中的花草树木、沙石泥土都是孩子们的教科书，自然赋予我们本真的、神奇的力量。在城市化与信息化高度发展的今天，如何让孩子远离电子产品，从室内走向室外，到大自然中去嬉戏玩耍，享受空气、阳光等自然元素，感受户外活动的乐趣？五星幼儿园依托学校主动发展项目和前瞻性项目研究，充分利用园内外自然环境资源，追求学校内涵品质，明晰"为谁培养人、培养什么人、怎样培养人"的教育使命，追求课程理念中的"儿童视角"、课程实施中的"儿童本位"、课程创生中的"儿童原力"，以自然生态理念丰富课程游戏化的实践样态，实现儿童与自然联系，运动与探究并进，生活与游戏相随，以有限的资源发挥无限的能量，以亲自然的林地情境培育儿童自主游戏，以全开放的空间环境帮助幼儿释放天性、激活灵性，培养幼儿的人格与情感，促进其成长性思维与多元能力的发展。五星幼儿园在

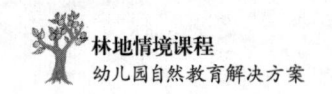

课程改革的道路上深耕细作，历经十多年的园本化实践，取得了突破性的进展。十年磨一剑，王园长一直想把幼儿园的点滴做法和感悟思考汇编成书，将其敬献给自然主义的教育者——教师或父母，我认为这是非常好的方式。

  这是一本以园长视角编写的幼儿教育图书，展示了幼儿园开展浸润式林地教育系列课程的实践图景。全书共分八章，从理性认识到过程展开，从资源利用到情境体验，从实践路径到支持策略，从有机互动到经验生长，讲述了独特的浸润式林地情境教育的方方面面，真所谓在自然中育人、育自然的人。林地情境作为儿童连接自然的空间元素，围绕情感为先、能力为核、认知为基的核心经验，通过观察、探究和表征自然，让幼儿获得与自然有关的发展，以此实现学习中心转移、教学模式改变、教师角色进化等目标，引导幼儿在与环境的有机互动中快乐体验、主动学习。

  在这本书中，你会看到一个创新式的幼儿教育课程体系，即幼儿浸润式体验教育之林地情境课程教育。在这一课程体系下，幼儿总是能够在树林之间，在自然之中得到情感的满足、智慧的启发、人格的尊重、身心的锻炼，以及对儿童构建的世界的崇拜与敬仰，尽情感受心灵上的舒缓和自由。

  本书既有理论上的深度和广度，又有内容贴近幼儿教育实践的特点。通过林地情境课程的理论与幼儿园真实案例的完美结合，既能够给予广大幼儿教师以工作上实实在在的帮助，又可以为广大幼儿家长提供新的育儿思路。让我们与孩子一起走进大自然，拥抱大自然吧！这里有孩子们想要寻找的答案……

庄春梅

（原常州市教育科学研究院学前教研员）

2024年11月

目录 Contents

第一章
林地情境课程建设的背景

第一节　自然教育是世界变革与幼儿发展的必然要求　/ 003

第二节　开展自然教育是幼儿园高质量发展的内在需要　/ 008

第三节　五星幼儿园发展的现实需要　推动着林地情境课程的产生　/ 011

第二章
林地情境课程的内涵及其理论架构

第一节　林地情境课程的内涵及其建设的基本理念　/ 016

第二节　林地情境课程建设要解决的基本问题　/ 021

第三节　林地情境课程目标的设置　/ 025

第四节　林地情境课程建设的基本原则　/ 035

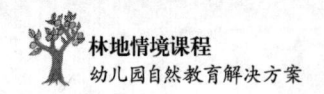

第三章
林地情境课程的内容架构

第一节　林地情境课程的维度建构　/　040

第二节　林地情境课程的内容体系组织　/　048

第三节　林地情境课程的内容来源及其具体表现形态　/　054

第四章
林地情境课程的实施

第一节　创设林地情境课程空间　/　064

第二节　林地情境课程实施的时间与方式选择　/　067

第三节　林地情境课程的开展过程　/　072

第四节　林地情境课程的切入角度　/　076

第五章
林地情境课程实操案例

故事一　倏忽秋又尽　今朝恰立冬　/　098

故事二　遇见劳动，遇见美好　/　106

故事三　大七班的重阳节　/　114

故事四　嘘，一个橘子有话说　/　121

故事五　"坡"有乐趣　/　127

故事六　"根"你有约　/　132

故事七　树枝重生记　/　138

故事八　雨天趣事　/　145

故事九　醒不来的小动物　/　150

第六章
林地情境课程实践的措施保障

第一节　理论准备　/　158

第二节　制度准备　/　163

第三节　条件准备　/　167

第四节　课程评估与反馈　/　179

第七章
林地情境课程治理生态的改进及其优化

第一节　林地情境课程之于幼儿园教育教学生态的改进　/　184

第二节　林地情境课程之于家长观念优化的促进　/　194

第三节　林地情境课程的进阶之路　/　197

第八章
林地情境课程带给我们的成长

感悟1　如大地一般"抱抱"孩子　/　200

感悟2　在林地的自由中抓住敏感期　/　202

感悟3　不要在林地中夹杂说教　/　204

感悟4　善待令人抓狂的孩子　/　207

感悟5　让家长有大树一样的定力　/　209

感悟6　你可以像树木一样沉默　/　211

后　记　/　213

CHAPTER 1

第一章

林地情境课程建设的背景

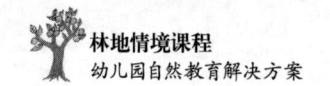

林地情境课程是常州市钟楼区五星幼儿园（以下简称五星幼儿园）在2012年因幼儿园原址重建搬至勤业二小期间所建构起来的园本课程。它是五星幼儿园办园理念的集中体现。五星幼儿园创设浸润式林地情境课程最初的缘由是幼儿园搬迁后迫切需要解决办学条件简陋、教学观念滞后等现实问题，为此幼儿园管理者必须基于现实条件寻求工作的突破。在2017年搬入新园后，条件的改善又进一步阻隔了幼儿与外部环境之间的联系，宽敞明亮的教室和丰富多元的材料，虽然为幼儿提供了"有准备的""安全"的环境，但这种环境又是"不完整的"。因此，在其发展过程中，何为林地情境课程，这一课程需要达到什么样的目的，此类问题进一步激发幼儿园管理者以及全体教职员工去思考何为适宜的学前教育、时代发展需要什么样的人才等深层次问题。从狭义来看，林地情境课程属于自然教育范畴，是关于人与自然关系调适的一系列活动安排。但从广义来看，林地情境课程又蕴含着对个体发展向度、发展规律的认知，是关于幼儿自主自由发展以及与自我、自然、社会和谐共处的整体期望。在长达十余年的思考和探索过程中，五星幼儿园越来越认识到，林地情境课程作为一个尝试促进幼儿有效发展的课程载体，其核心不仅限于发展幼儿关于自然的经验以及相应的探索和操作能力，同时更为重要的是形成他们对自我、自然及社会认知的更开放、更包容和更持续的意向与思维认知能力，以使他们能够正确认识个体在当下生活中所扮演的角色，并形成接纳自我、主动适应、积极进取的信念，使其一生都能够致力于自我成长为一个完整而又清醒、自由的个体。

林地情境课程是五星幼儿园在长期教育教学实践过程中发展起来的关于幼儿及其教育的历时性看法，它以课程为切入点，以幼儿发展为基础，将自然、历史、文化、社会以及个体的现实生活视为一个整体来考察其与幼儿发展的关系。

在这一过程中，幼儿不是抽象的幼儿，我们在珍视童年的价值以及幼儿主体地位的同时，进一步考察幼儿与社会发展关系之间的内在结构，并以此来筛选课程内容和选择课程实施方式。此目的在于发展幼儿的关系性思维，使他们在发展主体性的同时能够以辩证的思维看待自我与外部世界的关系。这一点在价值多元时代尤为重要。因此，林地情境课程是以更广阔的视域和更辩证的思维来审视课程内容与课程实施方式对幼儿发展的支持向度，试图通过构建一个结构良好但又充分留白的课程环境，来促进幼儿的基础性、个性化和自主可持续发展。

第一节　自然教育是世界变革与幼儿发展的必然要求

　　自然教育或者自然主义教育有着深厚的理论基础和广阔的现实背景，但不管从何种角度切入，自然教育（自然主义教育）最终直面的仍是如何看待人类个体的存在状态以及人作为一个种类存在而与自然和社会发生的互动关系，考察的是人类如何与自然、社会和谐共处及可持续发展。从历史进程中看，自然教育在理论上源于人文主义思想在教育学领域的具体体现，表现为对人的发展的一种理想；在实践上则源于自工业革命以来社会生产与生活方式的变革对人的异化，尤其是现代科学技术的发展所形成的信息社会重构了人的交往方式，人类的交往方式从人与人、人与自然、人与社会的直接交往转换成了错时空的间接交往，不仅人的精神需求发生了变化，而且其满足方式也变得更为虚幻和个体化。在因技术变革带来的生产效率的提高和因人的自由解放而赋予个体更大自主性的同时，也在逐渐颠覆人类千百年来赖以生存的物质和精神基础，从现实的社会性走向虚拟的个体性，从群体的类交往走向个体的自我精神满足，这一过程也在逐渐扭曲人类个体在情感、社会性等方面所应具有的本来面目，以至于人不断脱离自然，远离现实的社会群体生活，其造成的后果就是在人类尚未完全适应或者说建构出新

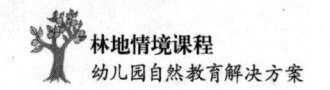

的社会形态时，人的情感、人格、思维等内在特质就不断出现残缺，进而引发各种失范行为。在面对人的发展时，五星幼儿园始终坚持这样一个观点：人是自然的一部分，人的一切改造活动都应基于人的自然属性，并应合理处理好人的能动性和世界的既存性之间的关系，即《礼记·中庸》所云："致中和，天地位焉，万物育焉。"人只有在万事万物中找到自己合适的位置，才能透彻地理解何为完整而又清明且自由。从历史上看，对自然教育的倡导，不仅仅是因为人作为自然之子应该充分认识其所生存的这片土地，同时还处于对人类未来发展的一种渴求和探索，以及对人的异化的一种反抗和积极应对。

一、人作为自然之子有认识自然和适应自然的内在需要

《老子·第二十五章》有云："有物混成，先天地生。寂兮寥兮，独立而不改，周行而不殆，可以为天下母。吾不知其名，强字之曰'道'，强为之名曰'大'。大曰'逝'，逝曰'远'，远曰'反'。故道大，天大，地大，人亦大。域中有四大，而人居其一焉。人法地，地法天，天法道，道法自然。"人作为自然的组成，其孕育、发展和消亡都需要服从自然规律。人类本身是地球生态系统长期进化和发展的产物，大自然不仅为人类的生存提供了基本的原料，同时更为重要的是人类在长期的进化过程中已经将对自然的适应视为自身内在属性的一部分，自然所孕育的景象为人类个体生命的勃发和演进构建了丰富的场所，人类个体就是在这种与自然的互动中来全面地发展自我。在解读自然教育的过程中，虽有研究认为自然教育的目的不是回归自然[1]，但自然之于个体的意义仍在不断轮回中复演，这是人类在哲学上追问自身来处的重要源泉。

第一，自然教育之于个体之所以重要，是因为人类个体需要在与自然循环往复的互动中去认识生命及自我，并赋予个体经验发展的广泛性和基础性。人作为

---

[1] 倪娟、李广洲：《自然·自然观·自然教育思想发微——兼评新课程改革中"回归自然"的适切性》，《教育研究与实验》2007年第2期，第26-31页。

生物性个体，对物质的需求是首位的。人类有着较任何生物都更漫长的童年期，这被认为是人类认识自然、适应社会的基本手段。这种长时间的童年期不仅是为了人类学习社会的各种规则以及生存技巧，同时在这一时间中人类对自然的认识也始终持续其中。自然是丰富多彩且变化多端的，其中任何一个要素的变化，都可能像扔入池塘的石子，在平静的水面激起层层涟漪。自然中的花草虫鱼、山川日月等丰富的物象是幼儿认知世界的底料，这不仅让他们认识到世界的本来面貌，还让他们通过对绚烂的鲜花、潺潺的流水、灿烂的星辰、和煦的春风等的具体感知来形成对自然之美的赞叹，这些为幼儿认识世界迈出了第一步，为幼儿经验的发展奠定了广泛和丰富的物质基础。这种需要是来自生命的内在冲动，一个自幼在水泥堆里成长起来的孩子，他的眼里是没有光的，他对这个世界的感知和表达也是冰冷而缺乏温度的。

　　自然并非以静态的方式呈现。其奥秘之处在于，自然不仅指称各种物象，同时它还蕴含着各种规律。这种规律为人所认识，就代表着人对自然的顺应，并为改造自然提供了认知前提。春生夏长、秋收冬藏，日中则移、月满则亏，浮生一日、蜉蝣一世……这些无不是自然演化的规律以及人类对自然规律的认识和把握，它蕴含着生命发展的基本逻辑。幼儿会在花开花落、蝌蚪变青蛙等的观察中内化这一规律，知道在春天追逐惠风和畅，在秋天静候果实和落叶。自然以无声的方式让幼儿默默地去认识这个世界，这个世界又不仅仅是物质世界，而是从物质进一步走向精神。顺应自然，按着自然的节奏，个体就能感觉到生命内在的秩序，并从中获得躯体和意志上的安宁。这些都奠定了幼儿认知、思维和精神发展的基础。也正是自然的变化与发展让幼儿能够更进一步感知什么叫作万物有序，从而进一步更深刻地感知生命的轮回。

　　第二，自然教育之于个体之所以重要，是因为大自然可以为人类个体提供实践场所和活动对象，幼儿可以通过各种观察、探索去深化经验和发展能力。生命之初，幼儿是通过自己的身体来认识世界的。在他们眼中，自然的一切物象都是

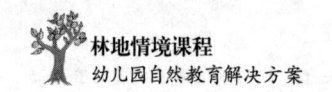

新鲜而又神奇的，他们迫切地期望在原始生命的驱动下用眼扫描这个世界，用手触摸这个世界，用脚丈量这个世界。因为没有先行经验的束缚，他们可以以木为马，恣意地在田地或旷野里飞奔，尽情地建构属于他们自己的经验和意义世界。自然是广阔的，它足够幼儿一辈子去探索。而自然之于幼儿的第二重教育意义，便是为他们提供了探究的场所，使幼儿内在的发展原力转变为现实的幼儿发展行为。

  自然中的幼儿探究首先是自发和自持的。大自然的时光声色都可能激发起幼儿的好奇心和探究欲望，其对象可以是具有生命的花草虫鱼，也可以是无生命的沙水泥石等。在与这些物象互动的过程中，幼儿既可以通过感知生命形态的变化来发展共情能力，也可以通过手捏泥人来建构他们对世界的认知和想象。幼儿也正是在这样不断的探究、调试和内化中来获得经验、知识、能力、情感等方面的发展，而且这种探究并不需要成人的特意引导。成人对幼儿的教育不能忽视这一自然特性，幼儿教育的自然性不仅是一种教育规律，同时也是一种自然属性，成人应该从幼儿生命的生物性出发，重视幼儿个体自然性的充分发展，这样他们方可从纯粹的生物性个体走向生物性与社会性协同发展的人类个体。此外，自然教育中的幼儿探究不仅仅是以自然为对象的，它还可以进一步拓展到幼儿的生活和游戏，通过自然探究、一日生活和自主游戏三位一体构建出促进幼儿有序发展的支撑路径体系。

  第三，自然教育之于个体之所以重要，是因为宇宙雄浑可以启迪幼儿的思维，使他们能够以辩证的观点看待万事万物在自然中的位序及其相互关联，从而发展起敬畏生命的情感以及厚爱生命的人格。如果说上述二者之于幼儿发展的作用还在于自然以其丰富的要素单独作用于幼儿的某一发展领域的话，自然还可以其作为万物的集合而对幼儿的思维产生整体的促进作用。亿万年来，自然已经自我进化为一个可以自我维持的生态系统，不同事物之间已通过一套严格而有序的运行系统而相互联系在一起。人类对自然及社会的改造应该着眼于如何改善这一运行机制，而非为了人类的物质欲望而破坏它。这既是一种辩证思维，也是一种世界观和方法论。不管是单独的个体，还是社会的有效发展，辩证和联系的思维都是不可或缺的。自然是由无数对称的属性及其相互转化而构成的，如冷热、高低、轻重等，它们相互之间转化，就有了春夏秋冬，有了春天的山花烂漫和秋天的硕果累累，而秋天的硕果又需要春天里生命的孕育以及阳光雨露的滋养、昆虫的授粉等。自然以完整的生命周期向幼儿展示世界是如何运转的，让他们能够知自然、懂自然和敬畏自然。自然教育将自然以整体的方式呈现给幼儿，实质上开启了他们认识世界的大门。

二、自然教育是人走向全面自由发展的必经之路

自工业革命以来，因社会分工的不断细化，人类个体不断从自然走进工厂，并且被安排到流水线上从事高效但缺乏自由的工作，从而造成人的异化。此时的人不再与自然有亲密的关系，其发展也是片面的。为了获取更高的报酬，个体会将自身的发展更偏向那些可以带来物质回报的知识和技能，甚至为了超高的回报而舍弃道德和良知。这样一来，个体不仅在知识和经验上是片面和狭隘的，同时在情感、人格、社会性和价值观等方面也是残缺的。其后果不仅在于会引发个体内在情感的失衡和道德的滑坡，而且还会因此引发社会行为的失序和整体信念的崩塌，使个体、人类和社会都处于一种混乱之中。随着科学技术的发展，以信息技术为支撑的网络社会的兴起又重构了人类的生产和生活形态，社会交往的虚拟化进一步使个体远离了自然。这一症候被理查德·洛夫归结为自然缺失症。理查德·洛夫在《林间最后的小孩——拯救自然缺失症儿童》一书中指出，电子产品使用的普及进一步加剧了幼儿与自然的割裂，因过度使用电子产品，幼儿在身体发育上面临着越来越严峻的挑战，如长时间静坐以及注视屏幕，不仅严重影响幼儿的视力，还导致肥胖率增加、注意力紊乱等问题，同时因缺乏足够的身体活动而导致的身体素质发展滞后现象普遍存在。同样重要的是，不加筛选的内容涌入

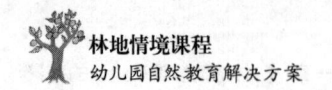

幼儿的生活会对幼儿的心智发育带来极大的冲击，过度且不加引导的屏幕使用会禁锢幼儿的心智和视野，使他们专注并信奉各种虚拟信息而对世界的认知产生偏差，容易出现各种交往障碍、人格残缺、行为乖戾、价值观扭曲等问题。如果放任幼儿对电子产品的无节制使用，幼儿不仅无法有效成长，甚至还可能对社会的稳定和持续性发展带来隐患。

当下的幼儿都是数字原住民，具备良好的信息素养也是其适应未来数字社会的基本前提，但不管什么时代、什么情境，技术都应该为人的发展而服务，而非异化人的手段。解决上述问题的基本手段就是将幼儿从虚拟社会和电子产品使用的牢笼中解放出来，引导幼儿走进自然、亲近自然、探索自然。对幼儿的教育不应不加节制，也不应过分强调知识等的片面发展。人类一切的社会改造活动都是为了实现人的自由以及人与自然的可持续发展，教育应该引导幼儿在自然中认识和理解生命的意义及其发展规律，使其具有从心而不逾矩的信念、心境和能力。虚拟社会可以更便捷地给幼儿带去各类信息，可以满足其一切虚幻的愿望，但这种精神上的过度侵蚀会损害幼儿的心智，并最终破坏社会发展的根基。在信息社会，自然教育不仅是解放幼儿的重要手段，同时也是促进幼儿全面、自由发展的重要途径。信息社会中的自然教育不是让幼儿脱离现实社会而进入纯粹意义上的自然，而是融入了新的思维、新的理念和新的技术，让幼儿进一步从自然的表象感知走向内在的本质认知，这是推动人类社会不断走向更高水平的重要一环。

第二节　开展自然教育是幼儿园高质量发展的内在需要

学前幼儿的学习具有很强的具身性，他们是在游戏和生活中学习的，是在与周遭的环境互动中获得发展的。自卢梭的自然主义教育思想提出以来，自然教育不仅被视为重要的幼儿发展手段，同时也蕴含着幼儿的发展目标和发展方向，这一理念在制度化的学前教育产生以后也得到了延续。幼儿园的产生为幼儿的学习与发展提供了制度化保障，但受空间条件的限制以及社会发展的影响，其在为幼儿提供有准备的环境的同时也制约了幼儿学习的向外拓展，高度结构化和高控的学习环境使得幼儿园教育越来越远离幼儿的自由和自主。幼儿被限制在幼儿园有限的空间之内甚至是书本的方寸之间，以至于幼儿的天性不断被磨灭，不仅未能为完整成人奠定良好的基础，甚至因为良好的学习与行为习惯、人格、情感等发展的滞后，幼儿在进入小学后表现出明显的适应困难，发展缺乏持续性。因此，我国的幼儿园教育在20世纪70—80年代以后就试图改变过去那种以知识学习为主的价值取向，强调一日生活和自主游戏的幼儿发展价值，强调要为幼儿创设可感知、可操作的环境。尤其是在2010年以后，我国学前教育进一步强调了要遵循幼儿的发展规律。在轰轰烈烈的教育改革与实践中，自然教育始终都是各级各类幼儿园试图突破的方向。不管是在城市还是农村，创设自然角、开展各类农耕活动、户外体验、远足等形式的自然教育遍地开花。将自然教育与幼儿园高质量发展联系起来有两个方面，其中内核是幼儿高质量发展的需要，外因则是幼儿园教育走向高质量发展的现实需求。

第一，自然教育是幼儿园优化幼儿学习环境、推动幼儿有效发展的重要手段。受城市化进程的影响，幼儿园往往被限制在一定的空间之内，高度结构化和成人化的环境使得幼儿的学习与生活不再有丰富的自然物象，充斥其生活的是现代化的玩具、汽车、各种电子设备等。与此同时，受功利主义教育思想的影响，在相当长的一段时间内，幼儿园的教育目标和教育内容都受到家长与社会流俗的影响，重视发展幼儿的认知，或者强调艺体技能的培养，小学化的教学方式严重禁锢着幼儿的自由和自主发展。这种教育方式的影响在于，它脱离幼儿身心发展实际，通过超前的、离身的教育方式让他们学习他们目前还无法有效掌握和理解的知识，阻碍了幼儿良好学习品质以及完整的人格、崇高的精神、正确的价值观的形成。自然教育是关于人的教育，它强调人与自然的内在联结以及人的发展所具有的内在规律，强调为幼儿提供开放、多元的学习环境，强调幼儿对学习的自主体验和主动探索。在幼儿园开展自然教育，不仅仅能够为幼儿提供显性的物质环境，同时还可以转变和优化教师的教育理念，提升教师的专业素养和施教能力，使教师始终能够以幼儿的全面和可持续发展为一切教育的出发点，为幼儿提供适宜的学习和生活支持。幼儿的学习具有很大的个体性和过程性，自然教育可以凭借其丰富的内涵为这种个体性和过程性的实现提供实践场所和物质对象。

第二，自然教育是幼儿园教育高质量发展的现实需求。从课程的角度来看，自然教育是基于幼儿园以及当地自然条件而建立起来的一种园本课程体系，它没有固定的形态和统一的内容，但都指向幼儿经验的适宜性发展。基于本土资源建设自然教育园本课程，一方面可以将各种自然物象转化为幼儿的经验，另一方面则因为这些物象又是幼儿经验范围之内的，可以被幼儿有效接受和内化。幼儿园教育高质量发展有两层含义，一是指幼儿的有效发展，二是指课程与教学条件的改善。自然教育的实施推动了幼儿园园本课程体系的建设，使得幼儿园的课程资源更丰富，更符合幼儿的发展需要。此外，自然教育往往意味着教育的协同，因为自然教育广博的对象和宽广的实践场所意味着幼儿园需要摆脱园所和专业本位，要把课堂设在一切能够彰显自然的地方，要吸纳一切有助于促进自然教育开展的力量和资源。例如，农耕活动可能需要有耕种经验的家长入园参加活动，或者需要把农耕活动开展在田间地头。如果进一步将农耕活动拓展至文化领域，那么各种民俗专家或者场馆机构就会进入教育范畴。在幼儿园、家庭、社区以及其他相关主体的协同下，社会对幼儿发展的要求可以及时体现在课程目标上，各类资源也可以第一时间进入幼儿的探究和学习范畴。不同主体之间不再是相互隔离，而是目标一致、行为协同，共同为幼儿的学习构建一致且富有支持性的环境。

自然教育作为内生发展的重要手段，得到了城乡幼儿园的广泛重视和普遍实践。人们对它的理解会因为社会发展的演进而不断发生变化，但不管在任何情境下，自然教育都是一种指向人的全面、自由和可持续发展的教育，是一种指向人与自然和谐发展的教育，是时代发展的需要推动了自然教育实践的发生和发展。幼教工作者应该从人的全面发展的高度去理解自然教育的意义，它不是为了教育而教育。

第三节　五星幼儿园发展的现实需要推动着林地情境课程的产生

五星幼儿园林地情境课程的生成是一个不断探索和发展的过程，但其直接的起因是幼儿园在原址重建、借地办学过程中在课程实践方面面临的现实问题。2012年，五星幼儿园搬迁至勤业二小办学，加上五星幼儿园原本就处于乡村地区，简陋的办学环境、薄弱的办园条件以及迟滞的教育理念，使得当时幼儿园的课程改革十分紧迫。因条件限制以及认识上的不足，当时幼儿园思考更多的是如何利用幼儿园及其周边的资源尽可能地来优化课程建设。在搬入新园后，缺乏自然考量的新园环境设置以及新情况对幼儿的学习和生活产生了冲击，这些问题都使五星幼儿园全体教职工不断去思考何为好的或者说适宜的幼儿园教育。

林地情境课程的产生是五星幼儿园在不同发展阶段对幼儿发展以及幼儿园课程建设所形成的共识，两者在阶段性目标、内容和表达上有所差异，但实质上是殊途同归，表现在：第一阶段的课程探索比较分散，其主要是为了解决教学条件的改善问题，凸显了自然教育的核心内涵，但尚未明确提出"林地情境课程"这一概念，也未对此进行系统性的理论建构。第二阶段的探索目的就更为明确，有更明确的指向，即在第一阶段实践的基础上，进一步认识到幼儿发展与自然之间的关系，站位更高，目的也更为明确，并且形成了较为系统的理论架构和实践模式。因此，可以说，林地情境课程的产生，一方面是幼儿园教育实践的推动，

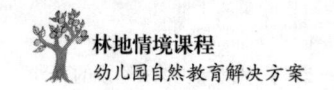

另一方面是园所管理者以及教师站在时代发展的前沿所进行的主动思考和主动作为，体现的是五星幼儿园教职员工的集体实践智慧。

2012年，五星幼儿园全体教职员工和幼儿，怀揣着对未来的无限憧憬，踏入了勤业二小这所充满古朴韵味却又略显斑驳的过渡校区。小学校园的独特格局，让他们面对的是一幅截然不同的画卷：教室虽显陈旧，却透露着岁月的痕迹；大操场空旷无垠，仿佛是大自然特意预留的一片天地；而那片野趣盎然的杉树林，更是如同守护神一般静静伫立着，为这片土地增添了几分生机与活力。尤为引人注目的是，这里98%的孩子都是来自五湖四海的新市民子女，他们的眼睛中闪烁着对知识的渴望和对未来的憧憬。

面对这样的环境和相对贫瘠的教育资源，五星幼儿园全体教职员工深知肩上的责任重大。孩子的成长是等不起的，绝不能让任何一个孩子因为条件的限制而失去接受优质教育的机会，幼儿园需要以积极的方式去应对各种条件上的掣肘。于是，一场以教育环境创新为核心的改革在五星幼儿园悄然拉开序幕。幼儿园首先从改善室内游戏区域入手，通过精心设计和布置，力求在有限的空间内为幼儿们打造出一个又一个充满想象与乐趣的小天地。老师们亲自动手，将墙面绘制得色彩斑斓，仿佛童话世界一般；亲手制作各式各样的玩具，让幼儿们在游戏中体验创造的乐趣；每个班里还布置了温馨、舒适的阅读角，让幼儿们在书海中遨游，汲取知识的养分。

与此同时，幼儿园还充分利用户外资源，将那片野趣盎然的杉树林和空旷的操场改造成一个个充满挑战与乐趣的户外乐园。在这个过程中，老师和家长们携手并进，共同为幼儿们创造了一个又一个惊喜。他们用铁锹挖地、学习使用切割机、编织爬网、搭建小木屋……每一个细节都凝聚着他们对幼儿的爱与关怀。在大家的共同努力下，攀爬架、滑梯、秋千等运动设施应运而生，为幼儿们提供了丰富多样的运动体验；而种植区、饲养区等生活实践区域的开辟，则让幼儿们在亲近自然的同时也体验到了劳动的乐趣和生命的奥秘。

随着时间的推移，2014年，在江苏省课程游戏化的推进下，五星幼儿园的教育环境、教学组织方式也发生了翻天覆地的变化。2016年，五星幼儿园已经成功打造了独具特色的"玩味童年课程"。这门课程不仅注重在运动中锻炼幼儿的体魄，更注重在游戏中培养他们的团队协作能力、创新思维能力和解决问题的能力。幼儿们在游戏中学习、在游戏中成长，他们的笑声和欢呼声成了五星幼儿园最动听的音乐。

然而，故事的发展并未止步于此。2017年，五星幼儿园迎来了新的篇章——幼儿园搬迁到了全新的园区。新园区总面积达到10 086平方米，沙、石、土等自然资源丰富多样，生态环境优美宜人，硬件设施设备一应俱全。这里成了幼儿们新的乐园和梦想起航的地方。然而，随着环境的变化和幼儿们成长背景的不同，幼儿园也面临着新的挑战。新园区的孩子们普遍比较娇气，安全自护能力相对较弱。而家长们对幼儿园的期待也更高了，他们不仅希望孩子们能吃饱穿暖，更希望孩子们能在身心各方面得到全面发展。

鉴于当时环境的显著变化与所面临的挑战，五星幼儿园深刻认识到传统"玩味童年课程"已难以契合新园区的发展需求。正当幼儿园对此进行深入反思之际，2020年不期而至的特殊情况再度颠覆了人们正常的生活轨迹。促使社会大众重新评估自然与人类之间的微妙关系，人们对自然的敬畏之情普遍增强。同时，长期居家的生活模式对幼儿健康造成了不利影响，表现为幼儿视力下降加剧，肥胖幼儿比例显著上升，公众对于户外活动的渴望因此变得更为迫切。

在此背景下，五星幼儿园适时提出了"走出教室就是户外"的全新理念，旨在通过这一创新观念，引导幼儿们走出封闭空间，亲近自然。这一过程中，幼儿园的老师们获得了宝贵的启示与指引，决定深入挖掘林地资源的丰富内涵与潜在价值。2021年，五星幼儿园精心策划并推出一门全新的林地课程，以回应时代的需求与幼儿的成长呼唤。

在林地课程中，五星幼儿园引导幼儿们走进自然、观察自然、探索自然。幼

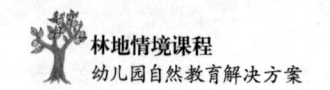

儿园设置了"亲近自然""探究自然""行走自然"等多个课程模块，让幼儿们在亲身体验中感受大自然的神奇与美丽。在"亲近自然"模块中，教师带领幼儿们走进杉树林和草地，让他们亲手触摸树木和花草的叶片与花朵；在"探究自然"模块中，教师引导幼儿们观察昆虫和鸟类的生活习性，了解它们的生存环境和生态关系；在"行走自然"模块中，教师组织幼儿们进行徒步旅行和露营活动，让他们在大自然中放飞心情、锻炼体魄。

除了让幼儿们亲身体验大自然的美好之外，五星幼儿园还注重培养他们的环保意识和社会责任感。幼儿园通过开展环保主题活动和志愿服务活动，让幼儿们学会尊重自然、保护自然、与自然和谐共生。教师们告诉他们要珍惜每一滴水、每一片绿叶、每一只小鸟……让他们明白自己作为地球村的一员所肩负的责任和使命。

2024年，五星幼儿园的林地课程已经取得了显著成效。幼儿们在课程中不仅收获了知识与技能，更在心灵深处种下了热爱自然、珍惜生命的种子。他们开始更加关注环境保护和可持续发展问题，更加珍惜自己与家人的相处时光，更加积极地参与社会公益活动并为社会做出贡献。相信在未来的日子里，这些种子将会生根发芽、茁壮成长并绽放出最美丽的花朵，为幼儿们的人生之路增添无限的光彩与希望！

CHAPTER 2

第二章

林地情境课程的内涵及其理论架构

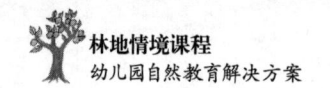

自2012年起，五星幼儿园就围绕幼儿园周围的自然环境开始建构园本课程，并以此为基础开展了系列的课题研究。林地情境课程是一个不断发展、持续完善的概念。起初，林地情境课程仅仅是作为一种拓展幼儿园课程实施范畴的形式而出现，其目的是解决当初课程资源不足、课程内容滞后以及课程不成体系等问题，幼儿园周边的自然资源仅仅是作为课程建构与实施的一种辅助手段。但随着实践的深入，五星幼儿园深刻地认识到，以自然为对象、为载体开展教育，不仅是幼儿园教育的应有之义，同时更是幼儿有效发展的内在前提，它蕴含着深刻的幼儿观和发展观。它绝不是简单地将大自然视为课程建构和实施所需的要素与条件，而是在人的全面发展以及人与自然和谐发展理念的引领下的一种系统的教育模式，是发展幼儿认知、情感、人格、思维以及世界观和价值观的重要载体。到目前为止，其已经成为五星幼儿园办园以及全体教职工内在的、稳定的教学信念和行为法则。

第一节　林地情境课程的内涵及其建设的基本理念

何为林地情境课程？概括来说，林地情境课程是一种基于幼儿园现实情境和幼儿现实发展需要的园本课程，它以自然为对象，强调幼儿发展的内在规律及其与外部环境的共融、共处和共存，即成人要以符合幼儿可持续发展以及幼儿与自然的共同发展的思维来看待幼儿园教育的目标、内容及组织方式。林地情境课程是五星幼儿园在解决幼儿园实践环境薄弱过程中而产生的一种教育理念以及如何开展幼儿教育的方法论，即在幼儿学习与发展过程中，幼儿本体以及各种自然性要素的离场，以及社会发展的城市化不断侵蚀幼儿生命自然展开所赖以维系的自然时空，这使得教育者需要打破思想认识上和现实环境中幼儿与自然之间的藩篱，重构一种具有综合性且符合自然规律的教育形态。林地情境课程具有以下三重内涵。

第一，在课程层面，林地情境课程是一种以自然为对象和载体的自然教育形式。伊始，五星幼儿园搬入的勤业二小地处农村，不仅室内是小学化的空间设置，缺乏幼儿自主学习所需的各种功能室和区域，而且环境也极其简陋，缺乏童趣；同时幼儿园周围可利用的资源也非常少，除了广袤的田地和原生态的自然环境之外，幼儿园难以开发和转换相应的课程资源。当时，受制于对幼儿园教育和幼儿发展的狭隘理解，很多人都未能认识到自然本身就是重要且适宜的幼儿教育资源。为了解决当时课程资源不足和课程实施效果不高的问题，幼儿园开始从周围的自然环境入手，试图一方面通过将各类资源引入幼儿园使之成为重要的课程载体，另一方面则将幼儿领进自然，让他们在广阔的田地间和丰富的自然物之中发展身体、积累经验和陶冶情操。事实上，以"林地"命名自然就带有自然的属性。因此，林地情境课程首先是一种以自然为对象和载体的自然教育表现形式，它有一系列相近的名称，如森林教育、环境教育、科学教育等，同时也有很多研究探讨了幼儿教育与自然的关系。

林地情境课程的课程内涵一方面是指以自然为对象，将各种自然对象作为课程资源。例如，农村有丰富的动植物资源，教师可以将美丽的花朵、秋天的落叶以及夏雨冬雪、风云雷电等作为重要的课程内容，也可以将幼儿在日常生活中发现的动植物作为课程的主题，如蜗牛、蝴蝶、蚂蚁等。此外，农村是一个独特的生产和生活空间，其社会活动具有鲜明的特征，此时教师也可将因时而起的农耕活动引入幼儿园课程建设，将植物的生长规律、气候等概念作为幼儿园课程的基本内容。林地情境课程的课程内涵另一方面是以自然为场所，让幼儿在大自然中

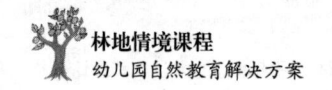

自主地开展探究活动。幼儿的发展具有具身[①]性特点，他们首先通过身体的感知来不断认识自我及周围的世界。在大自然中，高大的树木可以为幼儿遮阳挡雨，一个不知名的洞穴可以引发幼儿无尽的好奇心，他们在自然中的跳跃、奔跑和各种游戏，都以一种整体的方式促进着自身在身体、情感、认知、意志等方面的发展。也正是由于这种在大自然中的身心的全面舒展，幼儿内在的生命动力才能够得以有效勃发，并以生命原动力的方式促进生命的无声发展。此时的幼儿是不需要成人的教条和规制的。

　　林地情境课程通过内容和实践场所的重构来破解原有课程体系有效支持不足的问题，目的是让幼儿有物可玩，并且是能自主愉悦地进行课程探究。随着实践的深入，林地情境课程体系进一步从"要我走进自然"转向"我要走进自然"，幼儿园教师的课程理念发生了实质性改变。在"要我走进自然"阶段，林地情境课程的开发与实践更多地是来自外在环境的推动，即幼儿园必须通过对既定、有限课程资源的利用来充实幼儿园课程体系，对自然的看法仅在于如何有效地将各类自然资源用于课程实践。但在"我要走进自然"阶段，林地情境课程是从幼儿发展的内在规律出发，认识到幼儿与自然之间的密切关联，即亲近自然、探究自然和善待自然是人类个体生命和谐与可持续发展的内在要求，对幼儿的教育并不是要完全借助高度结构化的课程与环境，给幼儿适当地"留白"，让幼儿自主去体验和探究是幼儿发展的重要方式。因此，课程层面的林地情境课程实质上也反映了五星幼儿园对幼儿发展及其教育规律的认识在不断趋于深化，教师的理念也不再仅仅停留于知识和文本，而是有了更为具象的载体和表达。

　　第二，在幼儿发展层面，林地情境课程隐喻着整体、联系和共同促进的幼儿发展观。林地情境课程中的"林地"其实是一个隐喻，即"林"指称幼儿，"地"指称幼儿所生活的环境。幼儿与外部环境的关系，犹如树木与大地的关

---

① 具身：当代心理学、认知科学和教育学等领域的重要概念，强调认知、思维和情感等心智过程与身体的密切相联。

系，树木的成长需要大地的滋养，大地的养分也孕育着树木的枝繁叶茂。将其迁移到幼儿的学习与发展上来就包含两层意思：一是个体生命的成长与其外部环境是互联互动的，体现的是一种关系性思维，幼儿的成长不能脱离其所处的生活和社会文化环境；二是支撑幼儿发展的环境必须是一个生态有机体，成人所需要做的，不仅是要为幼儿提供周全且有准备的环境，而且还要因循生命发展的内在规律，有准备但不逾矩，要能静待花开，这便是林地情境课程的幼儿发展观。此时林地情境课程已经上升到对幼儿发展规律的把握，还是一种更为深刻的教育信念，成为支配教师教学行为的教育信条。不仅仅是一种自然教育表现形式，

在林地情境课程建构和实施的过程中，我们深刻地体会到从成人本位走向幼儿本位的价值变迁，以至幼儿不断被神秘化、烂漫化和抽象化。在早期，幼儿园尤其是低水平幼儿园或者学前班教育，很大程度上遵循的是学科发展的逻辑，注重通过传授的方法向幼儿教授知识和技能，教师眼中缺乏活力的幼儿，提前的知识教育以及缺乏自主灵动的教学方法，在很大程度上扼杀了幼儿的学习兴趣和创造力，忽视了幼儿良好学习品质、健全人格以及正确价值观的养成。这种忽视幼儿主体性的小学化教育随着时代的进步遭到了猛烈的批判。五星幼儿园在不断转变教育理念的过程中，逐渐将幼儿放在了课程实践的中心位置，课程目标的设定以及课程内容、课程实施方式的选择都着眼于幼儿的自主、全面和可持续发展。但对幼儿园教师来说，如何将以幼儿为中心的教育理念转化为具象的教学行为并不是一件容易的事情。一方面，幼儿是一个很抽象的概念，如以幼儿为中心、幼儿自主等概念的评价标准是什么，如何看待幼儿与成人的关系，如何看待幼儿发展的个体性和过程性，如何给予幼儿学习适宜的个别化回应，等等，这些问题都会考验教师的思想认识和教学智慧。另一方面，践行以幼儿为中心的教育理念需要来自教师、家长和社会的共同支持，以免幼儿园教育陷入"5+2=0"的困局。但现实是，幼儿园很可能面临来自家长或者社会的压力，不得不提前教授拼音、数学等科目，或者开设各种兴趣特长班。而当一切外部阻力让位于幼儿中心教育

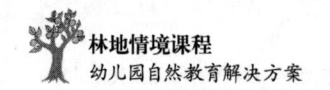

理念时，被过度拔高的幼儿，又越发难以找到和现实的契合点，这些都给幼儿园课程建构以及教师的课程实施带来了极大的挑战。

五星幼儿园在建构林地情境课程的过程中，通过对幼儿行为的观察以及对社会发展流变的思考，对上述教育价值取向和教育实践模式逐渐有了更为清晰的看法，它是全体五星人结合幼儿发展规律以及未来社会发展要求而做出的理性判断。通过对自然发展演变的思考，五星幼儿园意识到幼儿的发展是一个其内在生命规律和外在环境影响相互作用的过程，环境不能凌驾于幼儿，幼儿也不能脱离环境而成为抽象的存在。为此，林地情境课程在理念上强调幼儿发展的个体差异性，强调幼儿与环境的双向互动，强调幼儿在外部环境的影响和成人的有效支持下自主建构他们的意义世界。

第三，在课程实践上，林地情境课程强调幼儿的主体性参与。五星幼儿园的林地情境课程不仅开设在幼儿园的各类区域当中，同时也将幼儿园周围的广阔空间视为课程实践的天然场所，其实践方式强调的是幼儿身体的具身感知，并且在感知中保证幼儿行动的自由意志，非必要不予以干预。基于这一理念，林地情境课程在主体关系上一是确立了幼儿在课程实践中的主体地位，在安全可控的范围之内，幼儿可以根据自己的想法、兴趣和经验自主开展各项课程实践活动；二是明确教师只在课程实践中起支持的作用，鼓励幼儿在课程实践中积极开展自主探究活动。以上二者，为的是给幼儿带来浸润式的活动体验，以避免传统课程实践中因固定的时间和空间安排而出现的幼儿探究碎片化问题，影响幼儿对问题的深入探究。

林地情境课程实践活动一是强调幼儿在学习活动中能有沉浸式的体验；二是推动幼儿对课程对象的深入探究；三是确保幼儿对课程的全过程探究。沉浸式的体验意味着教师要为幼儿提供真实、丰富的自然对象和自然情境，让幼儿通过在广袤的大自然中寻找隐藏在各个角落中的蛛丝马迹去建构属于他们自己的"哇"的时刻。为了确保幼儿的沉浸式体验，五星幼儿园不轻易干预幼儿的活动进程，不轻易否定幼儿的想法和行为，不寻求确切的幼儿活动结果。而为了推动幼儿对课程对象的深入探究，五星幼儿园的教师们力求做到引导幼儿不断扩大关注视野和思维范畴，通过提问、设疑等方式引导幼儿逐步建构起对事物的关系性认识，逐步形成幼儿关于学习对象的概念范畴。确保对课程的全过程探究，一方面指保证单个活动中幼儿探究的过程完整性，另一方面则指不同年龄段之间的探究活动具有内在的连续性，以促进幼儿的认识不断走向概括和抽象。幼儿对大自然的探究可以在幼儿园内进行，也可以在大自然和家庭中进行，只要幼儿产生相应的行为，教师们都应给予适时适当的支持和引导。

第二节　林地情境课程建设要解决的基本问题

随着社会竞争加剧，教育焦虑日渐凸显，科技发展也给人类社会生活带来重大影响，幼儿逐渐被限制在书本、手机和电脑里活动，或者奔忙于各种兴趣班，离大自然越来越远。他们很少再有充足的时间和机会去欣赏路边的小草、草丛中的蜗牛或者院子里的喇叭花。大自然中的万事万物形态各异，它们都可以成为幼儿艺术、科学等领域知识和经验发展的来源，可以给人类带来无尽的灵感，引发幼儿无穷的探索。对大自然的探究，既是一个资源开发的过程，也是一个磨砺工具的过程，林地情境课程的开发与实践就是五星幼儿园优化幼儿学习环境、提高课程建设质量和教师专业素养的过程，目的是解决幼儿园教育教学实践过程中存在的资源匮乏、课程实施质量不高、教师专业素养难以有效支持幼儿发展等问题。

一、丰富幼儿园课程教育资源

以往，五星幼儿园的课程内容主要来源于两个方面：一是省编教材，二是幼

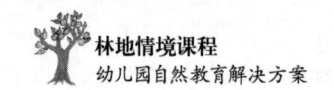

儿园的户外环境。这就决定了课程内容是高度封闭化和结构化的，同时限定了幼儿的活动场所，幼儿只能在指定的区域内开展有限的活动。在搬入勤业二小后，面对建筑结构、室内外环境都极其单调的情况，要将有限的课程资源盘活以满足幼儿的学习需要极为困难。林地情境课程的产生就是为了解决幼儿园课程教育资源不足的问题。这种拓展包含两个方面：一是对象，二是空间。为了解决课程资源不足问题，幼儿园将眼光瞄向幼儿园之外广袤的自然，用大自然中丰富的物象来充实幼儿园课程内容。例如，大自然中的沙石、水土、花草、虫鱼、节气等都是完美的学习资源，它们可以让幼儿通过眼睛观察、耳朵倾听、鼻子嗅闻、手部触摸等方式来实现对大小、轻重、软硬、纹理、色泽、形状等概念的感知。大自然中不同类型的资源既可以单独成为一个课程体系，也可以供教师按照主题的方式跨类别进行组织利用。种类多样且数量充足的自然资源可以为幼儿的学习提供基本的素材，让幼儿园的课程变得有层次、有结构、成体系。因为各类自然资源可以满足幼儿的基本活动需要，就使得幼儿园课程实践对各种高度结构化的资源的依赖程度逐渐降低，从而实现了课程资源的自给自足。例如，幼儿园根据特定的活动情境开发了《嘘，一个橘子有话说》的主题活动。这一活动让幼儿通过对橘子摸、剥、闻、尝、看等各种感官刺激而获得对橘子的全面认知。在具身感知的基础上，教师又通过橘子汁的压榨，让幼儿体验了果汁的制作过程。通过与商城购买的瓶装饮料的比较，让幼儿形象地感知食品加工对食物口感、营养以及人类身体健康的影响，进而发展科学的饮食观、营养观和健康观。此类活动非常细微，却真实地打开了幼儿的经验和认知通道，在发展幼儿经验的同时也发展了他们的思维。

二、优化幼儿学习与成长环境

现代幼儿发展最大的障碍之一是患有普遍的"自然缺失症"。"自然缺失症"是指由于在大自然中度过的时间过少而导致的一系列行为和心理上的问题。

严格来说，"自然缺失症"不是一种需要医生诊断或需要服药治疗的病症，但却是当今社会普遍存在的，特别是在幼儿中间存在的一种危险的现象。幼儿心智的良好发展需要通过感官和知觉形成思维上的认知整合、判断、推理等，如果幼儿缺乏与自然的接触，也就缺乏在自然中学习、探索、体验的经历，这会使得他们缺乏对外界事物的真实认知，缺乏在道德、审美和情感上的正确认知，甚至可能会对智力发育造成影响，在性格上会变得孤独、焦躁、易怒等。

理查德·洛夫所著的《林间最后的小孩——拯救自然缺失症儿童》一书中有这样一句话："对于一些人来说，自然仍是'它者'，他们生活在自然中，却不把自己当作自然的一部分。"五星幼儿园的教师们对这句话深有感触，它深刻反映了当下幼儿发展过程中自然的普遍缺失。因此，林地情境课程要致力解决的问题之一，就是要优化幼儿的学习与成长环境，不断提高他们的学习和适应能力。林地情境课程让幼儿走进真实的大自然，让他们在大自然中获得真实的体验，而不是通过手机、电脑、网络等方式获取信息，从而使幼儿的各种感官都得到恰当的刺激和发展，保证幼儿心理、审美和智力的健康成长，并将幼儿培养成为从小对生命和自然敏感的人，这样在他们长大后才能更关心地球环境和人类命运。

同时，家庭过度保护、隔代教养导致的危险意识缺乏，使幼儿在复杂、危险情境中缺乏必要的解决问题和自我保护的能力。相比之下，虽然以保护为名的命令与服从方式看似可以避免许多危险，但让幼儿了解环境特点、预测行为后果并为自己的安全负责，才是教育的根本目标。因为充分的自主意味着幼儿有更多的机会去自主思考和选择，能够带着意识去行动，学着承担后果并且反思。也正因为如此，五星幼儿园在开展户外探究活动时，尽量在活动之前教师会将安全隐患逐一排查，但也绝不会将林地打造成一个毫无碰撞的"安全城堡"。例如，一些小的树枝、石头、坡道、坑洼等原始的自然环境都会被保留下来，这是让幼儿学习能够在复杂路面行走的基础。此外，大型玩具的设置也是对幼儿身体和运动能力的考验，幼儿们常常需要付出相当大的努力，既包括体力也包括智力，才能过

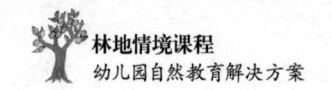

关成功。在林地课程中，教师们通常不会过多干预幼儿们的游戏。在多数时候，幼儿需要从一开始就自主寻找材料，自己来解决游戏中遇到的各种问题，因为很多场景都不是预先设定的，这样就可以很好地锻炼幼儿处理问题的能力，提高他们在复杂情境中的学习能力。

三、提升教师专业素养

林地情境课程需要解决的另一个重要问题是提升教师的专业素养。自2010年《国家中长期教育改革和发展规划纲要（2010—2020年）》颁布以来，我国学前教育进入新的发展时期，如《国务院关于当前发展学前教育的若干意见》（国发〔2010〕41号），《3—6岁儿童学习与发展指南》，《幼儿园教师专业标准（试行）》等国家层面的指导性文件陆续出台，地方上诸如江苏省实施的课程游戏化改革、浙江安吉游戏的应用与推广等改革措施，都指向教师教育理念的优化和专业素养的提升。但教师教育理念的转变是一个长期且缓慢的过程，要打破教师既有的思想认知并使其知识结构和能力素养跟上观念的变化同样是缓慢且艰难的。这就导致这样一个局面，就是教师在外部环境的强力推动下，他们在自己的脑海里确立了以幼儿为中心的教育理念，注重培养幼儿良好的学习品质、社会情感能力、创新思维等，但要落实到具体实践中时，却往往缺乏具体的抓手和科学的方法。

在创建林地情境课程之初，五星幼儿园教师同样面临理念认知不够和专业素养不高的问题。在理念认识上，教师还未能真正脱离传统以教为主的思想窠臼，尽管脑海中有幼儿的概念，强调通过自主游戏和一日生活来开展教育，但在课程实践过程中的不恰当介入还普遍存在，为了活动的有序性而对幼儿施以过多的限制，表现为对幼儿学习的不自觉高度控制。在施教能力上，教师不仅对一些基本概念缺乏真切的理解，如培养幼儿的想象力和创新力，而且教师可能自己都不具备良好的想象力和创造力，也不知道想象力和创造力的内部结构与可能的培养方法，这就很难将先进的理念落到实处。此外，教师对于园本课程的开发能力也相对不足，课程开发意识薄弱，知识储备欠缺，难以将各类本土资源有效地转化为幼儿的学习对象。面对课程资源缺乏的现实情况，五星幼儿园意识到不能只靠等，而是要从内生动力出发，提升教师的专业素养，从课程理念、课程开发意识、课程开发能力等方面着手，让教师自主开发园本课程，通过园本课程的开发来反推教师专业素养的提升。

第三节　林地情境课程目标的设置

《幼儿园教育指导纲要（试行）》指出："幼儿园的教育内容是全面的、启蒙性的，可以相对划分为健康、语言、社会、科学、艺术等五个领域，……各领域的内容相互渗透，从不同的角度促进幼儿情感、态度、能力、知识、技能等方面的发展。"可见，幼儿的发展是多方位、整体性的发展。幼儿园对幼儿的教育，不仅要促进幼儿的情感、态度、能力、知识和技能的发展，还要实现它们之间的和谐统一，即让幼儿获得综合性发展，并让幼儿的学习走向自然、自主、深度和综合。随着幼儿家长认知水平的不断提高，大家已经认识到单纯培养幼儿某个方面的素质是远远不够的，必须使幼儿得到全面的、整体性的发展。因此，单纯的智力开发或技能训练已经无法满足幼儿家长对于幼儿教育的需求，甚至成为大家反对的教育方式。

一、以四大学习支柱作为课程的总目标，推动幼儿的综合和可持续发展

身为教育工作者，五星幼儿园的教师们深知，幼儿是人生发展的最初阶段，幼儿教育也是整个教育体系的最初阶段。因此，对幼儿的教育绝不能仅仅是单纯

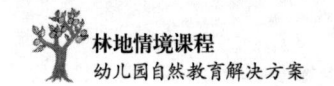

的智力训练，或者是对琴棋书画等单方面的训练。联合国教科文组织于1996年出版的著作《教育——财富蕴藏其中》指出，教育比任何时候都更处于人和社区发展的关键位置。教育不但要承担起为全球化的世界带来和平的重任，而且要促进社会的团结和民主的参与；在经济增长中扮演重要角色的同时，不能回避其促进人的发展的根本职能。为了实现以上职能，教育须作出相应的改革，即要让学生学会认识、学会做事、学会共同生活和学会生存。联合国教科文组织提出的这四大学习支柱其实也是个体适应未来社会所需的核心素养，这也是五星幼儿园林地情境课程要实现的愿景和基础目标。

  由于学前幼儿的心智发展还不成熟，其学习结果往往表现为学习的过程以及各种细小且不连贯的行为，教师既不能以成人的标准去评价幼儿的学习结果，也不能用成人的思维去看待幼儿学习的发生过程，而是要强调过程性、具身性、生活性以及个体性。四大学习支柱表现在学前幼儿身上，就是通过引导他们认识自我、主动探究周边的世界去逐步形成对事物的自我认知。在学会认识目标上，林地情境课程认为幼儿的学习不只是掌握一定的知识，更重要的是能够学习到一种持续学习和不断发展的能力，如学习兴趣、学习能力等。在学会做事目标上，林地情境课程并不强调幼儿知道多少，而是着眼于他们能做多少。因此，五星幼儿园着眼于培养幼儿的实际动手能力，比如自己穿衣、吃饭、收拾简单的个人物品，完成一些小任务，解决一些人际交往问题等。在学会共同生活目标上，林地情境课程重点培养幼儿的参与和合作精神，如如何与人交往、在班级里如何与其他小朋友合作完成某件事情、分享自己物品或是心情的能力等。在学会生存目标上，五星幼儿园对生存的理解不是指具体的生活技能，而是指幼儿对生活的适应，这种适应包含生活、学习、社会交往等诸多方面，它既指向基本的知识与技能，也指向幼儿内在的情感、意志、思维等方面，其目的是使幼儿将来可以更好地工作、学习和生活。

  林地情境课程倡导的是一种综合性、发展性的目标观，它试图通过各种浸润式的体验学习带给幼儿多方面的发展。林地情境课程带领幼儿们在森林或有树木的自然环境中自由嬉戏，给他们足够的空间和自由，让他们充分地体验、玩耍、探索和学习，同时发展感官能力、社交能力、同伴互动能力、人际交往能力，以及提高解决问题的能力。例如，在一堂林地课程里，教师们带领小班的小朋友分组收集某一种树木的树叶（见图2-1），然后用收集的树叶进行自由创作。在这一过程中，他们会有很多的体验，如即便是同一种树木的叶子也会有大小、形状、颜色、触感的不同；在同一组别的小朋友会相互交流，如哪一片叶子找对了，哪一片叶子找错了；会努力开动脑筋，用收集的树叶进行创作；会联想到与树叶形状相似的物品或者与树叶相关的事情；会在收集树叶的过程中付出体力，并通过捡拾、抓握等动作锻炼小手；会逐渐了解林地活动安全常识；等等。

图2-1　户外活动时拍摄的美丽的梧桐叶

　　可见，仅仅是一堂户外林地课程，就可以让幼儿产生多重体验，而这些体验无疑都是对幼儿综合素质的潜移默化提升。在回教室的路上，幼儿们叽叽喳喳地说着各种有趣的事情。"老师，我今天看到一片叶子，少了一个角，它好像大班的哥哥掉了一颗门牙。""老师，原来树叶的尖尖不扎手。""老师，你看我们用树叶做了一个小城堡，等我有很多很多树叶就做大大的城堡，让老师也住进

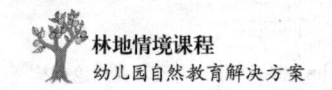

去。"这些可爱、丰富的想法正是源于林地活动带给幼儿们的体验。所以，当教师让幼儿走出教室置身自然之中去真真实实地做事情时，丰富的体验让他们可以从中学到更多的能力，这就是对幼儿综合能力最给力，也是最有效的培养。

二、以情感的发展带动认知和能力的发展

在日常生活中，常会有家长羡慕别人家的孩子已经认识了多少个字、已经能计算百以内加减法、已经能够自己照顾自己，但却忽略了自己的孩子积极阳光、乐观自信的好品质。在幼儿园教育中，教师们通常会把知识、能力和情感作为对幼儿培养的重要目标，但顺序却是反过来的，即情感第一，能力第二，知识第三。

情感也叫情感态度，是指对幼儿积极的情感态度的培养，包括对学习、社交和自我认知的兴趣和热情，以及自尊、自信和积极的心态，这是幼儿后续学习和成长的基石。能力包括但不限于社交能力、沟通能力、解决问题能力、自理能力等，这些能力的培养对于幼儿日后的学习和生活都具有重要的意义。认知是幼儿发展的中心任务。幼儿认知发展的主要特点是具体形象性和不随意性占主导地位，抽象逻辑性和随意性初步发展。幼儿大脑结构和内抑制机能的发展、言语和实践活动的发展在幼儿认知发展中起着重要作用。

教育的目的在于积极引导幼儿认知从具体形象性向抽象逻辑性过渡，从不随意性向随意性过渡，从而为幼儿成长和学习做好初步的准备。"授人以鱼不如授人以渔"，也就是说教给一个人知识，不如教给他能力。又说"知之者不如好之者，好之者不如乐之者"，意思是说，了解怎么学习的人，不如爱好学习的人；爱好学习的人，又不如以学习为乐的人，比喻学习知识或本领，知道它的人不如爱好它的人接受得快，爱好它的人不如以此为乐的人接受得快。可见，对待事物的态度，也就是人的情感态度才是至关重要的。当然，这并非否定能力目标和知识目标。对幼儿的学习来说，首先要面对的问题是情感态度的培养。对幼儿情感态度的培养有多种要素，但在五星幼儿园的林地课程中几乎都可以得到体现，特

别是与大自然的亲密接触。幼儿园曾对园里的幼儿做过一个调查，让幼儿们说出他们最想知道的事情。结果显示，被调查的幼儿们对自然知识的提问高达85%，相比于科学、天文、历史、文化等高出很多。

　　自然是人类的母亲，喜爱自然是幼儿的天性，幼儿在对大自然的探索和发现中逐渐形成自己独特、生动的思想，得到有益的启发，汲取力量，完善自我。经常接触大自然的幼儿往往更富有想象力，潺潺的流水、娇艳的花朵、啾啾的鸟鸣、茂密的树林……这些都将给幼儿带来美的乐趣和遐想。在林地里，幼儿们在获取知识的同时，观察力也变得更加敏锐。每到春天，林地里的各种花儿开放（见图2-2），五星幼儿园的教师都会让幼儿们去观察桃花、樱花、杏花的区别，他们在分辨花的形状、颜色的过程中，观察力不知不觉就提高了。

图2-2　每一年的春天，虫虫乐园的花朵都能引来孩子们的赞叹

　　林地课程对于幼儿诸多情感态度的培养中，对幼儿毅力的影响最为明显。幼儿天生喜爱运动，总是坐不住，这是几乎所有幼儿都具有的特点。他们喜欢在大自然中疯玩和疯跑，在这一过程中，他们会无意识地让自己体验疲累感，而奔跑之后的满足感、成就感，也是让幼儿想要再次投身大自然的吸引力。有研究指出，小时候的疲累感可以强化幼儿对生命的觉察力，让幼儿变得更坚韧、更有毅

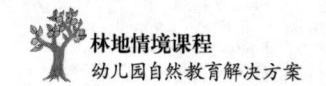

力。自然教育是一种天赋教育，是造就人本身的教育。让幼儿们亲近大自然，在大自然中自由、自主地探索、发现、体验、分享，让他们的品格、习惯、自主学习、自我驱动一并发展，让他们逐渐成为勇敢坚毅、积极向上、爱与自爱的人，这是我们的林地课程能够做的，也能够做好的。

三、发展幼儿的感知觉，提升幼儿对自然的感知力

随着社会发展，人们的认知水平也得到了大幅度的提升，越来越认识到大自然在生活中所起的重大作用。因此，在幼儿阶段就开始培养幼儿的环境意识以及亲近自然的能力，也受到了幼儿园的重视。这就需要在与大自然的接触当中，不断提升幼儿对自然的感知力，让幼儿尊重自然、热爱自然、保护自然的意识和能力在潜移默化中得到培养。五星幼儿园林地情境课程致力于发展幼儿以下几个方面的感知觉能力。

1. 发展幼儿的触觉

林地情境课程以大自然为活动对象，引导幼儿参与各种户外活动。而幼儿对大自然的触摸是他们获取外部信息的重要途径，如小手摸泥巴、捡拾树枝花瓣或者攀爬玩具架、打滚玩耍等，这些都是促进幼儿认识世界的重要手段。因此，林地情境课程注重发展幼儿的触觉，让他们在丰富的感知中获得对大自然更为具象的认知。触觉是人体最复杂的感觉系统，也是幼儿第一个"醒"过来的感觉。林地情境课程引导幼儿通过对冷、热、轻、重、细腻、粗糙等感觉刺激的体会来探索和体验世界，通过多元的触觉探索，促进幼儿动作和认知的发展。

为实现这一发展目标，林地情境课程设置了丰富的活动。例如，在教师为幼儿设计的一项名为"我来摸，你来猜"的户外触摸体验活动中，教师首先示范游戏规则：全体幼儿背过身去，教师戴上眼罩，由一名幼儿带领教师来到某一棵树前，教师通过触摸对这棵树及其周围的事物进行感知，然后再将自己摸到的东西进行描述，如老师摸到的树有厚厚的树皮，树皮很粗糙，这棵树大概像你们的

腰一样粗，树下有杂草，我还摸到了几片手掌大小的树叶……让幼儿根据教师的描述去寻找正确的描述对象。幼儿选定自己的目标后，向带领教师的幼儿进行确认。接下来，教师将幼儿分组，让幼儿根据教师的示范自主游戏，让每一个幼儿都有机会借助自己的触觉去感知树木，进而帮助幼儿提升他们对自然的感知力。

2. 发展幼儿的视觉

眼睛是幼儿感知周围环境的首要途径。在林地情境课程的实践中，幼儿最先用到的身体感官就是"视觉"，他们是借助视觉对周围环境产生初步的认识的。所以，教师在进行林地课程教学提升幼儿对自然的体验感时，最不可忽视的就是利用视觉提升幼儿对自然的感知。例如，教师为幼儿设计了名为"我眼中的林地风光"的游戏活动，教师先为幼儿划定好活动场地，并给出观察时间（10分钟），让他们自由地对周围的环境进行观察。到时间之后，教师将幼儿集合起来，让每个人分享自己看到的林地风光。最后，教师让幼儿将自己看到的林地景色画出来，并将幼儿的画作在教室的活动角落进行展示。这一林地课程游戏活动的设计目的就是借助幼儿的兴趣，发展幼儿的视觉，提升幼儿对大自然的感知力。

3. 发展幼儿的听觉

除了眼睛和手，耳朵也会参与到我们的林地课程之中，因为听觉也是帮助幼儿认识大自然、提升幼儿自然感知力的重要手段之一。因此，在林地情境课程实施过程中，教师也会为幼儿设计一些有意思的听觉游戏。例如，在"猜猜我在哪"的游戏中，教师将幼儿分成若干小组，每组选出一名幼儿，让幼儿闭上眼睛，离开小组，然后让小组中的其他成员说话，让幼儿判断他们分别在哪个方向。接下来，教师引导幼儿总结怎样可以听得更准确，如闭着眼睛背着身子去听声音时怎样，侧着耳朵听声音时怎样，以及尖锐的声音容易分辨还是浑厚的声音容易分辨等。最后，教师让幼儿再次闭上眼睛，去听大自然中都有哪些声音，然

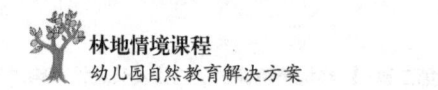

后让幼儿睁开眼睛形容这些声音。有的幼儿说，他听到了鸟叫声，叽叽喳喳的；有的幼儿说，他听到了落叶的声音，很轻；还有的幼儿说，他听到了风的声音，沙沙的。林地情境课程通过这样的仔细聆听和描述来加深幼儿对大自然的认识，刺激幼儿的听觉感官，使他们对大自然产生新的认识，提高他们对自然的感知力。

图2-3 聆听草丛的沙沙声

此外，心灵也能带给幼儿最真实、最深刻的感知体验。所以，在五星幼儿园的林地情境课程实施过程中，教师们也在发展幼儿触觉、视觉和听觉的基础上尝试发展幼儿的心灵，提升幼儿对自然的内在感知力。例如，让幼儿什么都不必做，只是静静地闭着眼睛去感受周围的环境。因为没有任何一种感官（如听觉、触觉、嗅觉等）被要求，幼儿只是顺其自然地感受，所以心灵的感受就会变得更加具体和真实，从而激发幼儿对于自然不一样的感知。

总之，在林地课程中，五星幼儿园的教师努力地通过让幼儿的各个身体感官都对自然产生体验，从而使其得到发展，这让幼儿的童年生活变得更加丰富多彩，也为幼儿未来的成长奠定了良好的基础。

四、培养幼儿积极的个性品质和学习能力，推动幼儿成为适应自然的社会人

林地情境课程的实践场所并不仅限于森林，在城市中也可利用公园、大草坪来开展，哪怕是一个小草丛、一小块空地都可以成为林地情境课程的活动场所，因为林地教育更看重的是教育内容本身而非场所。同样的道理，幼儿园对幼儿的教育目的也不仅仅是教授知识和技能，而是要从幼儿的兴趣出发，提倡自由自主，让幼儿在操作中感知、分析、解决、总结和生成，让幼儿能在大自然中传承自然智慧，发现自然，顺应自然，并成为适应自然的社会人。

对幼儿来说，所谓适应自然的社会人，就是乐于参与，能够在与他人的合作中体验合作、创造、交流的快乐，并在此过程中提高环境适应、语言交流、社会交往、独立解决问题、自我管理等方面的能力。

1. 提高幼儿的自我保护能力

在大自然中，人会遇到各种各样意想不到的危险，如果幼儿没有足够的觉察危险的敏锐度，不知道如何规避风险和保护自己的生命安全，那么其对幼儿的健康成长就会形成很大的阻碍。为此，林地情境课程前期的重点应放在对幼儿的安全教育上，通过各种形式让幼儿提高危险意识和自我保护能力。

2. 培养幼儿的自主探索能力

大自然是最好的老师，对于幼儿来说，大自然总是充满趣味，他们想要探索的东西也总是无穷无尽。而林地情境课程的场所灵活，除了教室和幼儿园，公园、生态林、博物馆、植物园，甚至楼下的小花坛都可以成为林地课程的活动地

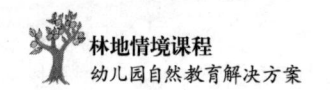

点。场所的多样化，就使得课程资源也呈现多样化，从而为拥有好奇心、求知欲的幼儿提供了源源不断的探索动力。例如，大自然中最常见的是光，光是从哪里来的，光有颜色吗，月亮的光和太阳的光有什么不一样等问题，就是幼儿学习与发展的线索，林地情境课程应通过此类结构良好、衔接有度的活动去发展幼儿的感知力、思考力和探究力。

3. 培养幼儿的想象力及创造力

相比于室内空间，大自然是丰富多彩、变幻无穷的，而幼儿的想象力也同样如此。在大自然中，幼儿可以有天马行空的想法。林地情境课程的重要目标之一就是要发展幼儿的想象力和创造力。在课程实施过程中，教师们也鼓励幼儿用自己的方式去验证和探索。例如，教师让幼儿利用树叶进行创作，但对于作品的形式不做任何要求，只要利用了树叶就可以。在这样一种开放、低结构的活动中，幼儿可以展开他们丰富的想象力自主进行建构，有的幼儿就用树叶做了一幅画，有的用树叶做成一朵小花，还有的捡了很多树叶然后用力洒向天空并将其取名"树叶雨"。最有趣的是，一名幼儿将不同树木的叶子插在头发上，说自己是一棵"万能树"……林地情境课程通过给予幼儿足够的自主空间，让他们有更多发挥想象力和创造力的机会。

4. 培养幼儿的意志力

在林地情境课程实施过程中，幼儿的活动空间和活动方式都与室内不同，因此也必定会遇到一些日常不会遇到的困难，这就需要他们不仅能够直面困难，更要克服困难，并解决问题。此外，在林地活动中也难免会有小磕小碰，受伤后的幼儿会逐渐学会坚强，而不是只会哭泣和退缩。林地情境课程注重引导幼儿在一次一次地面对困难、战胜困难中学会依靠自己的力量和同伴的力量来解决问题。

5. 培养幼儿的交往能力

在林地情境课程实施过程中，幼儿往往需要几个人进行合作才能完成一项任务（见图2-4）。在这一过程中，幼儿会不断地意识到如何与人交流、分工合作，也会产生帮助他人的自豪感和被人帮助的感恩之心。同时，幼儿之间也可能会发生各种矛盾和摩擦，但林地情境课程为他们提供了交往的空间和载体，促使他们自己解决问题，并从中逐渐建立自己的社会认知，学会处理人际关系。

图2-4　孩子们合作进行绘画创作

第四节　林地情境课程建设的基本原则

　　林地情境课程是一个完整的课程体系，它呼应了幼儿发展的目标及应遵循的路径。由于这一课程具有很大的开放性和生成性，建构并实施好这一课程并不容易。一方面，林地情境课程的内涵是随着时代的发展而不断变化和丰富的，它需要教师能够敏锐地察觉到时代变化所蕴含的规律与表征，尤其对人的发展的价值向度的思考更考验着教师对人类发展本质的理解力和领悟力。另一方面，林地情境课程的内容和实施方式也会随着认知的深入和技术的发展而不断得到拓展，教

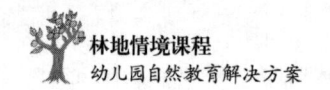

师要有足够的能力把握好这一要点。基于对林地情境课程内涵以及目标的认知，其建构和实施要遵循以下基本原则。

1. 幼儿中心和幼儿主体原则

林地情境课程必须坚持以幼儿为先的建构和实施原则。一方面，一切课程目标的设定以及课程内容和课程实施方式的选择都需要基于幼儿既有的经验水平、年龄特点、学习规律和个性特征，使林地情境课程成为幼儿愿意参与、乐于参与、主动参与的学习活动体系。在课程的建构和实施过程中，教师应树立人与自然和谐发展的理念，积极引导幼儿走进大自然，将各类关于自然的对象引入课程，用丰富的自然物象来发展幼儿的自然性，通过幼儿的自然性来发展他们的社会性。在不同的课程环节，教师都必须强调幼儿对课程的主体性参与，重视幼儿的自主探究和想象，做到幼儿在前、教师在后。另一方面，教师要基于对人与自然关系以及社会发展规律的深刻理解，引导幼儿去深刻认识自然以及未来社会发展样态，积极发展幼儿适应未来生活、引导未来发展的个性品质，从小培养幼儿科学的世界观和方法论。

2. 适宜性原则

林地情境课程必须坚持理念、目标、内容以及实施方式等方面的适宜性。在理念上，教师必须坚守大自然在人类社会以及幼儿个体发展中的基础性地位，一切教育的目的都是为了促进人本身的全面、和谐与可持续发展，以及人类社会与其他社会系统的协调发展。这样一来，林地情境课程就不仅是将大自然引入课堂，更为重要的是要带领幼儿走进自然，让他们在与大自然的互动中形成完整的价值观和认识论。在目标上，林地情境课程应以幼儿的身体以及各种感知觉的发展为基础，以情感的发展为先导，让幼儿能够充分调动自身内在的学习主动性，并在此基础上再依次发展幼儿的知识与能力。在内容上，教师一是要把握各类大自然物象的难易程度，为不同年龄阶段幼儿提供难易相称的课程内容，二是要为幼儿提供种类丰富、结构合理的课程内容，引导幼儿的认知不断走向深入。在实施方式上，教师要注重幼儿的自主性，在确保安全的前提下，尽可能拓展幼儿自主活动的边界，并在幼儿经验积累达到一定水平时及时介入，引导他们转变学习方式，促进他们思维方式和思维品质的整体跃升。在林地情境课程建构和实施过程中，教师应坚持以过程为中心的理念，通过对幼儿活动过程的观察、倾听和分析，及时对课程进行优化。

3. 关系性原则

林地情境课程在坚持幼儿中心和幼儿主体原则的同时也强调关系性原则。所谓关系性原则，是指林地情境课程的建设与实施要统筹考虑幼儿与外部主体之间的关系。在关于前喻文化[①]和后喻文化[②]的辩证关系中，我们承认幼儿对自然及社会的改造能力，但幼儿作为一个社会性个体，其任何行为都必须在一定前喻文化的滋养下才能得以养成并得到解释。因此，林地情境课程的建构与实施必须坚持关系性原则，以为幼儿的学习提供更有力的支持。因此，林地情境课程一是要注重培养幼儿的关系性思维，要让他们认识到自然发展以及社会运作的规律，意识到事物之间的辩证和依存关系，引导幼儿去接纳、欣赏甚至融入不同的事物；二是要重视教师对幼儿的支持作用，要为幼儿创设有准备的环境，在幼儿学习遇到困难或者出现新的学习契机时及时介入，不放纵幼儿的低水平重复学习探究；三是要在施教上建构家庭、幼儿园、社会协同共育模式，树立将综合的幼儿教育置于综合的教育情境的教育思维，充分发挥不同主体的教育作用，为幼儿提供全员、全方位、全过程的教育支持。

总而言之，林地情境课程应该是一种致力于幼儿有效成长的活动体系，它将幼儿视为自然的一部分，目的是将幼儿培养成为全面、自由、自主而又自觉的社会性个体。其实践应坚持整体性、开放性和时代性，用良好的环境来孕育卓越的幼儿。

---

① 前喻文化是指晚辈从长辈处习得的文化。
② 后喻文化也称"青年文化"，指由年轻一代将知识文化传递给他们在世的前辈的过程。

CHAPTER 3

第三章

林地情境课程的内容架构

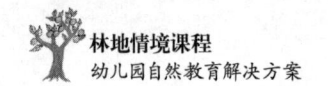

经过前期的持续探索，五星幼儿园对于幼儿园课程应达成什么样的幼儿发展目标，新时代幼儿应该具备什么样的素养和品质等价值层面的认知，以及实践层面如何处理课程实践中幼儿与各类主体之间的关系，如何选择课程内容和课程实施方式，如何评价幼儿的学习行为等问题有了更为清晰的认识。也正是在前期充分探索和思考的基础上，五星幼儿园于2017年正式将以自然教育思想为指引的、基于幼儿园本土资源的课程命名为林地情境课程，将幼儿园周围的自然资源归入不同的情境，让幼儿在不同的情境中去自主体验和探究。林地情境课程内容的建构遵循两条基本线索，一是不同的课程内容自成体系，二是强调幼儿自主探究，两者建构出了课程主体（幼儿）与课程内容（自然资源）之间良好的互动模式。林地情境课程在选择不同情境的基础上，进一步从三个方面组织内容，并从内容的选择方式上进行系统的考量，形成了情境设置—内容维度建构—具体课程内容选择的完整链条。

第一节　林地情境课程的维度建构

在未将自然资源开发为课程之前，大自然中的沙、水、土、树、草地、石头等都是外在于幼儿的学习和体验的，它们不具有任何教育学意义。学前幼儿的学习是具身的，借助身体感官的体验是他们获取外部信息的先行条件。而作为一种有组织的教育，林地情境课程则进一步依据幼儿的发展目标及其学习规律，将大自然中的各种自然元素按照一定的逻辑聚合成为具有内在完整结构的、呼应幼儿学习发展需要的内容体系，设置了不同的体验情境，支持幼儿主动体验和自主探究。着眼于幼儿的体验和探究，林地情境课程打造了以生活体验情境、生态探究情境以及自然运动情境为骨架的课程架构，且不同情境下面又设置了不同内容的活动。三大课程情境充分考虑了幼儿学习的生活性、自然性和身体性，它们以自然为对象和场所，强调的是幼儿对自然的参与与操作（见图3-1）。

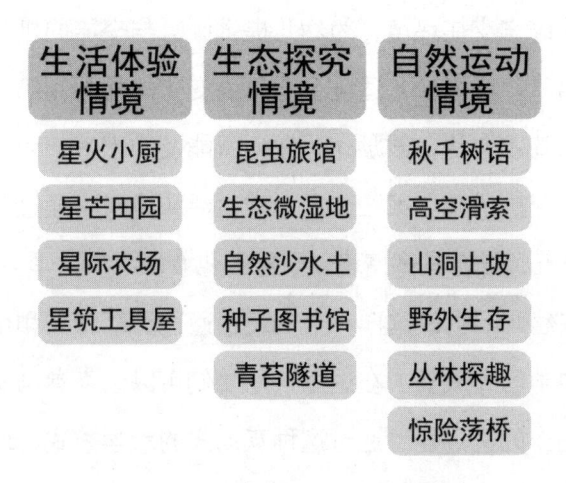

生活体验情境	生态探究情境	自然运动情境
星火小厨	昆虫旅馆	秋千树语
星芒田园	生态微湿地	高空滑索
星际农场	自然沙水土	山洞土坡
星筑工具屋	种子图书馆	野外生存
	青苔隧道	丛林探趣
		惊险荡桥

图3-1 林地情境课程三大课程情境

一、生活体验情境

生活活动和生活体验是学前幼儿开展学习的基本手段。百年前，陶行知曾提出"生活即教育"的主张，认为生活无时不包含教育的意义。对学前幼儿来说，生活中教育有两个层次，第一层次是指幼儿的吃喝拉撒、衣食住行都蕴含着教育，各种服务自我的生活活动都是学习活动；第二层次是指由基本的生理满足活动而衍生出来的教育活动，意在使幼儿进一步认识维持生活运转、满足生活需要所需的各种条件和能力。由于进入幼儿园的幼儿已经具备了相应的生活经验，且进餐、如厕、盥洗、穿衣等活动已经在幼儿园的一日生活中得到体现，五星幼儿园在建构生活体验情境中的林地情境课程时，更多的是将目光投向第二个层次，即基于幼儿的生活经验而将课程内容指向更深层次的生活条件和生活能力的发展。结合幼儿的经验水平、学习兴趣以及幼儿园周围的资源情况，幼儿园在

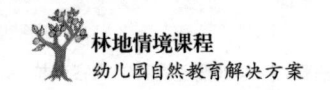

生活体验情境下设置了星火小厨、星芒田园、星际农场和星筑工具屋四个具体的情境。

基于《3—6岁儿童学习与发展指南》所列出的核心经验，生活体验情境下的四个子情境致力于达成以下幼儿发展目标：第一，营造温暖、轻松的心理环境，创设自由、宽松的语言交往环境，为幼儿提供倾听与交流的机会，使幼儿形成安全感和信赖感。第二，锻炼幼儿适应生活环境变化的能力。第三，指导幼儿学习和掌握生活自理的基本方法，鼓励幼儿做力所能及的事情，为其创设安全的生活环境，提供必要的保护措施。第四，在日常生活和游戏中通过观察和模仿，发展幼儿的社会性。第五，结合具体情境，引导幼儿换位思考，学习理解别人。

星火小厨：在幼儿园创设这样一个情境，通过劳动育人和生活教育的方式，让幼儿们在实践中学习和成长。在这里，幼儿们可以亲身参与烹饪活动，体验从食材准备到成品制作的全过程。通过这种互动式的教学方式，幼儿们不仅能学会基本的烹饪技能，还能培养动手能力和团队合作精神。同时，这种情境还能让幼儿们更好地理解食物的来源和制作过程，从而培养感恩之心和珍惜粮食的习惯。通过劳动育人和生活教育的结合，星火小厨为幼儿们提供了一个全面发展的平台，让他们在快乐中学习，在学习中成长。

星芒田园：在幼儿园开辟一片充满生机的种植田园，让幼儿们在春播和秋收的过程中亲身体验与感受四季的变迁。在这里，幼儿们可以亲手播种，观察植物的生长过程，感受大自然的奇妙和生命的奇迹。通过这种互动式的体验，幼儿们不仅能够学习到关于植物生长的知识，还能培养耐心、责任心和观察力。春暖花开时，幼儿们可以在田园中感受春天的气息，观察植物破土而出的景象；夏日炎炎时，幼儿们可以感受植物蓬勃生长的活力；秋高气爽时，幼儿们可以亲手收获自己种植的果实，体验丰收的喜悦；冬日寒风中，幼儿们可以感受大自然的宁静和沉睡。通过这样的四季轮回，幼儿们能够更加深刻地理解自然规律，进而培养对大自然的敬畏之心。

星际农场：在幼儿园的一角，有一个特别的星际农场。这里不仅能进行各种植物的种植，还能进行小动物的养殖。幼儿们每天都能在农场里与小鸡、小鸭等小动物亲密接触，度过充满乐趣的时光。这个星际农场不仅让幼儿们体验到了种植和养殖的乐趣，还让他们在与小动物的互动中学会了关爱和责任感。

星筑工具屋：在郁郁葱葱的林地深处，教师们精心投放了一座小巧而实用的工具小屋。这座小屋不仅外观设计独特，而且内部装满了各种各样的工具，如榔头、尺子、锯子等，旨在满足幼儿在探索这片自然乐园时的各种需求。幼儿们可以在这里自由地敲敲打打，用这些工具进行各种有趣的实验和创造活动。无论是搭建一个小木屋，还是制作一件独特的手工艺品，这些工具都能帮助他们实现自己的奇思妙想，让他们的探索之旅变得更加丰富多彩。

二、生态探究情境

陶行知的生活教育理论认为，生活教育是供给人生需要的教育，不是假的教育，主张要把学校的一切延伸到大自然里去。而且，林地情境课程也必然要以大自然为对象和实施场所。在长期的实践探索中，五星幼儿园从时空的维度将自然对象划分为两种表现形态，一是即时性体验的，二是跨时空体验的。这主要是因为，在有限的时空下和场所中，无论何种丰富的自然环境，其所包含的内容都必然是有限度的，而这种有限的内容不足以涵盖和揭示自然的整体面貌，深度的自然探究必然要将目光从当下转向事物发展的历时性。在即时性的生态体验中，幼儿主要是通过与自然的互动获得关于自然的基本认知，形成对自然的基本印象，此时幼儿所获得的经验是具象的，他们对自然的认识还无法从具体走向抽象，从局部走向整体。而在跨时空的体验中，教师将不同场所、不同时间范围的事物聚集在一起，并辅以对该事物生命周期及其内在本质的描述，幼儿借此便可建立起对事物发展的普遍联系。五星幼儿园在建构生态体验情境维度的林地情境课程时，依托幼儿园所能获得的资源，依照上述两个维度建构了五大生态体验情境课

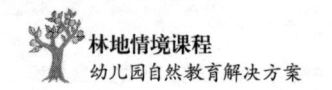

程，分别为自然沙水土、青苔隧道、生态微湿地、昆虫旅馆和种子图书馆。

生态探究情境下的五个子情境致力于达成以下目标：第一，让幼儿亲密接触大自然，激发其好奇心和探究欲。第二，和幼儿一起发现并分享周围新奇、有趣的事物或现象，一起寻找问题答案。第三，有意识地引导幼儿观察周围事物，学习基本的观察方法，鼓励和引导幼儿学习做简单的计划和记录，并与他们交流、分享。第四，支持幼儿在接触自然、生活事物和现象的过程中积累有益的直接经验与感性认识。第五，和幼儿一起感受、发现和欣赏自然环境与人文景观中美的事物。

自然沙水土：通过引导幼儿与沙子、水和土壤亲密接触，帮助他们建立起与这些自然资源的友谊。在这个过程中，幼儿们可以亲手探索沙子的细腻、水的流动和土壤的质感，从而更深入地了解这些自然资源的独特属性。通过观察和实验，幼儿们将认识到沙子、水和土壤在自然界中的重要价值与功能，例如沙子在建筑中的应用、水在生态系统中的循环以及土壤在植物生长中的作用。这样的探索活动不仅能够激发幼儿们的好奇心和求知欲，还能培养他们对自然环境的尊重和爱护之情。

青苔隧道：教师设计了一条青苔隧道，供幼儿们深入探索和了解青苔的生长过程。通过这个独特的体验，幼儿们可以近距离观察青苔的微观世界，感受它们与自然环境之间的密切联系。这条隧道不仅是一个科普教育的场所，也是一个充满绿意和美化效果的景观。在这里，幼儿们可以畅游在青苔覆盖的墙壁和地面之间，感受大自然的奇妙和美丽。青苔隧道不仅为幼儿们提供了一个亲近自然、了解生态的机会，还为整个环境增添了一份宁静与和谐的氛围。

生态微湿地：通过创设一个微型的湿地生态系统，让幼儿们可以亲身体验和感受生态循环的过程。在这个微小的湿地中，各种生物和非生物因素相互作用，形成一个完整的生态循环系统。幼儿们可以观察到水生植物如何吸收养分，鱼类和其他水生生物如何在水中生活与繁衍，以及微生物如何分解有机物，从而净化水质。通过这种亲身体验，幼儿们不仅能够更加深入地了解生态循环的奥秘，还能培养对自然环境的热爱和爱护之情。这种情感的培养对于推动环境保护意识的普及和实践具有重要意义。

昆虫旅馆：在这个专为昆虫打造的栖息地中，教师精心投放了各种造型独特、功能各异的昆虫小屋。这些小屋不仅为昆虫们提供了安全、舒适的居住环境，还让幼儿们有机会近距离观察和研究这些小生命的日常生活习性。通过细致的观察和记录，幼儿们可以深入了解昆虫的行为模式、繁殖方式以及它们在生态系统中的重要作用。昆虫旅馆不仅是一个观察昆虫的平台，更是一个探秘昆虫世界的奇妙窗口，让幼儿们能够更加亲近自然，理解这些微小生物的独特魅力。

种子图书馆：一个专门收集和展示来自各地的自然种子的区域。它致力于建立一个全面的种子信息库，为幼儿们提供丰富的种子认知资源。通过这个平台，幼儿们可以了解到各种种子的形状、颜色、大小以及它们的生长环境和特性。种子图书馆不仅是一个知识的宝库，更是一个激发幼儿们探索种子奥秘的起点。它通过生动的展示和互动活动，让幼儿们在轻松、愉快的氛围中学习和了解种子的重要性，从而培养他们对自然界的兴趣和爱护。

三、自然运动情境

幼儿都是天生的冒险家。林地情境课程对大自然利用的另一个重要向度是将大自然广阔的空间视为幼儿的活动空间，让幼儿在不同的自然空间中去体验、去探索、去冒险，进而发展他们的身体、意志和冒险精神等。不管是在幼儿园还是家庭场所之中，现代学前幼儿教育的一大弊端就是无法为幼儿提供足够的自由活动的场地，尤其是城市幼儿被禁足于方寸之间，或者即便有户外场地，如小区的小树林、草地等，也会因为各种安全问题而限制幼儿在大自然中自由地嬉戏。在大自然中自由地奔跑、跳跃、攀爬是幼儿生命的本能需求，也只有尽情地释放生命的本能，他们才能寻求到对自身生命的掌握感，认识到身体的能力与限度。因

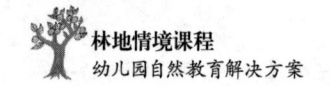

此，在保障幼儿安全的前提下，五星幼儿园的林地情境课程为幼儿设置了六大运动情境，分别为秋千树语、高空滑索、山洞土坡、野外生存、丛林探趣和惊险荡桥。这些情境既有幼儿在其中可以自由活动的，也有需要幼儿综合投入的，其目的在于通过种类多样且张弛有度的运动来促进幼儿身心的统一和协调发展。

自然运动情境下的六个子情境致力于达成以下目标：第一，保障幼儿的户外活动时间，提高幼儿适应季节变化的能力。第二，利用多种活动发展幼儿身体的平衡和协调能力。第三，在运动中帮助幼儿了解基本的安全知识，提高幼儿的自我保护能力。第四，为幼儿提供自由交往和游戏的机会，鼓励他们自主选择、自由结伴开展活动。第五，帮助幼儿了解基本的行为规则，体会规则的重要性，学习自觉遵守规则。

秋千树语：在茂密的水杉林中，教师巧妙地在几棵大树之间安置了秋千。幼儿们欢笑着，荡漾在这片林野之中，仿佛与大自然融为一体。他们在秋千上轻轻摆动，感受清风的拂面，聆听鸟儿的歌唱。这样的活动不仅为幼儿们带来了无尽的欢乐，还有效地帮助他们发展了平衡能力。随着秋千的起伏，幼儿们的身体协调性得到了锻炼，他们在玩耍中学会了如何控制自己的身体，保持平衡。这不仅是一项有趣的户外活动，更是一种有益于身心健康的锻炼方式。

高空滑索：一项在山坡之间设置的惊险刺激的运动项目，它通过一条长长的滑索将两个山头连接起来。幼儿们在体验这项活动时，可以感受到在空中飞速滑行的快感，这种紧张刺激的感觉能够极大地激发他们的挑战精神。同时，高空滑索也需要幼儿们用手臂的力量抓住滑索，从而在滑行过程中保持身体的平衡。这样一来，幼儿们在玩耍的过程中不仅能够享受到乐趣，还能有效地发展他们的上肢力量，增强身体素质。

山洞土坡：在山洞土坡的区域，教师精心设计并挖凿出了一片专属于幼儿们的山洞隧道。这些隧道不仅深受幼儿们的喜爱，还为他们提供了一个充满乐趣和刺激的玩耍空间。幼儿们在这里可以尽情地进行躲藏游戏，通过钻爬等各种动作，在山洞中探索未知的角落。这样的活动不仅让幼儿们感受到了探索的乐趣，还能有效地促进他们动作能力的发展。通过这些互动和运动，幼儿们的身体协调性、平衡感以及空间感知能力都能得到显著提升。

野外生存：在野外生存的环境中，教师为幼儿们精心策划了一系列充满挑战的障碍活动，目的是帮助他们锻炼并提升关键的运动技能。例如，教师精心设置了攀岩墙，让幼儿们在攀爬过程中增强上肢力量和协调性；在绳桥项目中，幼儿们能够在高空环境中锻炼平衡感和勇气。此外，教师还设计了穿越丛林的障碍赛道，让幼儿们在克服各种障碍物的过程中，提高自身的灵活性和敏捷性。

丛林探趣：教师将大自然的奇妙与运动的活力巧妙地融合在一起，为幼儿们创造了一个充满冒险和乐趣的勇者赛道。在这个赛道上，幼儿们可以尽情地奔跑、攀爬，充分体验与自然亲密接触的快乐。赛道中设置了各种有趣的障碍和设施，如吊环、云梯等，这些设施不仅能够锻炼幼儿们的上肢力量，还能提高他们的协调性和平衡感。通过这些活动，幼儿们不仅能够在身体上得到锻炼，还能在心理上培养出勇敢和坚韧的品质。

惊险荡桥：使用绳索和木片巧妙地搭建而成。这种荡桥不仅为幼儿们提供了一个充满乐趣的玩耍场所，还能有效地发展他们的摇摆技能。当幼儿们在荡桥上小心翼翼地行走时，他们会不断地调整自己的身体平衡，以适应桥面的晃动。这种活动不仅锻炼了他们的协调能力，还提升了身体的平衡力。通过这种有趣的互动方式，幼儿们能够在玩耍中不知不觉地增强自己的身体素质，同时也培养了他们的勇气和自信心。

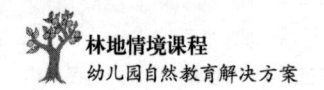

第二节　林地情境课程的内容体系组织

四大生活体验情境、五大生态体验情境和六大自然运动情境构建起了五星幼儿园林地情境课程的基本场所和形态，如何在不同的情境中设置不同的课程内容是林地情境课程接下来需要做的工作。幼儿的发展需要贯穿林地情境课程建设的始终，为了规避以往园本课程建设中只见本土资源不见幼儿的弊端，在选择和组织课程内容之前，五星幼儿园紧抓幼儿发展目标，依据幼儿的年龄特征和个性爱好对各类自然资源进行整理与归类，最终形成了三个维度的课程内容。

一、林地情境课程的目标体系

林地情境课程的目标体系分为总目标和年龄目标两大部分。总目标是解决林地情境课程需要解决的幼儿的整体发展问题，即通过三年的学习，幼儿应该在认知、情感、能力方面达成一个什么样的状态，课程应该为幼儿的后续发展奠定哪些方面、什么程度的基础。年龄目标指向小、中、大班幼儿在本年龄段内应发展哪些具体的经验和能力，不同年龄班之间的目标是递进且自成体系的。

1. 总目标

林地情境课程的总目标包含以下三个方面：

（1）在与自然的链接中，提升幼儿安全风险预判、防患和自我保护能力，使他们成长为乐于探究、善于思考、富有创造力、敬畏生命的"完整幼儿"。

（2）在支持幼儿过程中"看见幼儿"，使教师成长为勇创新、善思辨、求发展的学习型教师。

（3）以课程为抓手，改变园所固有样态，彰显情境体验特色内涵，提升园所文化品质。

这三方面的目标是从幼儿发展、教师成长和课程质量三个方面入手的，而后两者都是服务于第一个目标的。之所以将后两者纳入课程目标是因为以下两点：第一，意识到教师的创新和反思能力是支持幼儿有效发展的基本前提，幼儿不是静态的幼儿，他们是活生生的人，具有丰富的情感和差异化的学习需求，教师只有具备卓越的反思能力才能真正理解和践行何为以幼儿为本的教育理念。第二，教育的本质最终是要走向以文化人，对自然的探索和认识，最终也必须走向意义的阐释，林地情境课程需要在文化层面思考如何促进幼儿的成长和成人。因此，促进教师的专业发展和关注课程的文化属性并没有偏离林地情境课程的育人目标，而是对课程育人理解的进一步拓展和深化。

2. 年龄目标

不同年龄的幼儿具有不同的生理基础和经验水平，因而其学习兴趣也不一样。林地情境课程以幼儿身心发展的阶段性为依据，在不同年龄班、不同学期之间设置了细化的课程目标，进一步将课程的育人要求进行细化和条理化。其中小班年龄段幼儿的总体目标是使他们亲近自然，让他们借助自身的感官来感知自然的多样性，感受自然的显性特征。中班年龄段幼儿的总体目标是使他们感受自然的乐趣，引导他们通过细致的观察和探究发现自然更多的独特性，认识到自然中的事物是相互关联的，并能够借助一定的方式将自己的发现表达出来。大班年龄段幼儿的总体目标是发展对自己与自然关系的认识，侧重对大自然中事物的一些隐性特征的体验或探索，强调深度的探究，形成整体性的概念或认识，并通过自然笔记、自然戏剧等形式进行表达（见表3-1）。

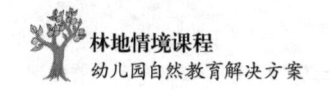

表3-1　林地情境课程目标

课程总目标
1. 乐于参与林地活动，在林地合作过程中，体验与他人合作、创造、交流的快乐。 2. 能在大自然中传承自然智慧，发现自然，顺应自然，成为适应自然的社会人。 3. 提高环境适应能力、语言交流能力、社交技巧，能自己解决问题，有一定的自我管理能力，成为一个能接纳自我的人。

小班年龄段目标	
小班（上）	1. 在自然环境中，学会自我服务（如盥洗，穿脱衣物等）。 2. 运用五感去认识种植的食物，与世界建立感知的纽带，建立对食物的情感，感恩大地的馈赠，节约粮食，知道食物的来之不易。 3. 具备初步感知、识别危险的能力，并且能尝试规避一定的风险。 4. 通过重要节气感知一年四季的季节特征。 5. 面对困难，知道坚持，有一定的耐力。
小班（下）	1. 在自然生态的环境中适应自然、融入自然。 2. 感受气候、季节与生命循环，亲近自然，认识世界，认识生命。 3. 通过听、闻、看、摸等形式进行感官基础训练，培养对自然、对世界的好奇心。 4. 依托整合的课程内容，习得科学文化知识，形成探索性的思维模式。 5. 在自然中建立信心，完成对自我的认识和情绪的识别，为良好的自我管理奠定基础。

中班年龄段目标	
中班（上）	1. 初步了解、发现不同季节的特点，体验季节对植物和人的影响。 2. 结合林地节日课程，初步感知传统节日，适当了解我国的民族文化。 3. 喜欢参与雨天的林地活动，主动关注雨天周围环境的变化。 4. 结合生命课程，接触大自然，激发好奇心与探究欲望。 5. 积极参与林地各类实践活动。
中班（下）	1. 在种植活动中，感知和发现植物的生长变化及其基本条件。 2. 通过调查、操作、实践、探索、体验等方式感知文化的多样性。 3. 深刻了解节日节气文化，激发民族自豪感。 4. 能根据观察到的雨天环境提出问题，并大胆猜测答案。 5. 乐意饲养、观察动物，并发现、记录其生长变化。

大班年龄段目标	
大班（上）	1. 对天气现象、四季变化以及植物生长规律等自然现象产生观察和探究的兴趣。 2. 了解自然现象背后的规律，尝试发现并理解自然界变化与人们生活之间的关系。 3. 观察（用感官收集信息）、比较、分类、测量、交流、推理、预测。 4. 运用眼、耳、口、鼻多种感官对事物进行初步认知和表达，增加感官的敏感性和灵活性，锻炼模仿和表达的技能。 5. 尝试用多种方式表达自己的感受与想法，萌发关爱自然、关爱生命的情感。
大班（下）	1. 认识到人依靠自然而生，人们的饮食、呼吸的空气和衣物都来自自然界等。 2. 对大自然充满好奇、享受大自然的美和大自然带来的感官体验、在探索自然中获得兴奋感和创造性。 3. 将自己看作大自然的一部分，善于发现自然界的美丽和多样性，主动关心和尊重自然，积极主动地探索自然。 4. 学习从观察中寻找规律，在操作中探究变化，在比较、归纳和梳理中形成粗浅的经验。 5. 激发对大自然的热爱，对生活情趣的理解，拥有积极向上的人生观，并加强环保意识。

二、林地情境课程的内容维度设置

从课程目标出发,结合具体的课程情境,林地情境课程在内容上依照感知、体验和探究三个递进的层次展开,分别设置了亲近自然、行走自然和探究自然三个不同的维度,并在不同维度下又做了更为细致的划分(见图3-2)。亲近自然、行走自然和探究自然这三个维度分别对应幼儿对自然的见闻、了解和操作,始于见闻,指向操作。

图3-2 林地情境课程三个不同的维度

1. 亲近自然

在亲近自然内容维度,林地情境课程的目标指向幼儿在与自然互动的过程中表现出来的良好的情感倾向、行为习惯和学习品质。之所以设定这一目标,是因为人与自然的互动需要遵守一定的规则,养成一定的行为习惯,自然也会滋养幼儿的心灵,就如爱默生所说,"培养好人的秘诀就是让他在大自然中生活"。所谓对自然的见闻,就是指所有幼儿都必然经历的、以五官为工具的对自然的全方位感知,这种感知首先是对光、声、色方面的,指向的是自然的基本物态。在此基础上,幼儿的见闻就可延伸至各种自然生命,如大自然中的花草虫鱼等,它使幼儿认识到自然生命的鲜活与多样。但仅此还不够,它还进一步拓展至人类的生产与生活,通过将农耕种植等生产活动引入幼儿的认知,使幼儿初步认识人类作

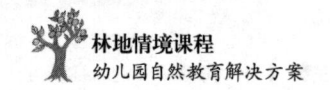

为自然界生命的一部分是如何适应和生存的。因此，亲近自然维度的林地情境课程主要设置了三个方面的内容，分别为气候感知、动物饲养和农耕种植。

2. 行走自然

在行走自然维度，林地情境课程的目标指向幼儿在与自然的互动中发展适应自然环境、获取自然信息的能力，并在自然中学会如何自我管理和自我保护。行走自然包括适应自然和探索自然两个基本方面。此处的行走自然不是简单地走进大自然，自然也并非纯粹意义上的大自然。人类视野中的自然其实是一个经过改造的自然，在这一自然中，既有各种大自然的物象，它们不以人的意志为转移，又有各种经人类改造和加工后的自然对象，表现为人类的意志和文化。人的本质属性是社会性，人的一切行为也只有在社会的层面才能获得意义的解释，否则人就不能称为人，而是与大自然中各种飞禽走兽无异的动物。因此，林地情境课程把自然的和经人类改造后的世界都称为自然，并在此概念下去理解幼儿对自然的了解。行走自然维度的林地情境课程主要设置了三个方面的内容，分别为自然科学、生态艺术和民俗体验。

3. 探究自然

上述的亲近自然和行走自然都属于对幼儿的信息输入，此时幼儿所获得的经验还只能称为印象，要将这种印象进一步转化为幼儿的认知、意志和行为，就需要支持他们开展具体的探究。在探究自然维度，林地情境课程的目标不是让幼儿掌握某些具体的知识，而是形成基本的认知概念，以便幼儿在今后的学习中能借助这些概念使其成为开展认知活动的工具。五星幼儿园周围具有广袤且丰富的自然空间，既有林地，又有湿地，此外天气和季节的变换可以形成不同形态的自然空间，这些因素的交织便为幼儿认知世界的多样性提供了很好的支持。而幼儿对不同形态空间的改造，便是其有意义学习发生的过程，他们通过操作来建构新的认知模式。探究自然维度的林地情境课程主要设置了三个方面的内容，分别为林地探趣、湿地探秘和雨林探秘。

每一种知识都需要幼儿亲身去感受、去体验而非灌输。为此,林地情境课程三个不同维度的内容会根据季节和天气的变化来设置,目的是最大限度地引导幼儿在自然中以自然的方式去认识自然(见表3-2)。

表3-2　林地情境课程三个不同维度的内容

天气	主题 季节	春	夏	秋	冬
晴天		林地你好	露营小记	林地初探	生火课程
晴天		春日拾趣	虫虫嘉年华	落叶手作	生命课程
晴天		阳光的秘密	小暑和大暑	霜降节气	冬至节气
雨天		清明节气	黄梅天	秋林球会	食育养生
雨天		春雨的秘密	亲水课程	泥巴探趣	冬藏与冬眠
雨天		挖野菜	雨林探秘	测风观云	小寒与大寒
阴天		种植探索	动物养殖	野外常识	冬日毅行
阴天		春日耕种	食味五谷	丰收的季节	生活劳技

同时,考虑到幼儿在园一日生活的次序以及课程的结构性,林地情境课程也会根据天、周、月、学期、学年来安排对应的课程(见表3-3)。

表3-3　林地情境课程不同时间的安排

	课程内容	内涵与功能	组织形式	凸显内涵
林地课程	晨谈	通过晨间谈话,做气象小百灵、熟悉林地规划、制订活动计划,激发幼儿对林地课程的兴趣。	每天10分钟 以班级为单位	自主性
	户外活动	在林地中奔跑、跳跃,在体能区活动、跑酷、利用各种自然条件,进行体能锻炼。	每天2小时 大、中、小混龄	挑战性
	自由探索	通过游戏化、情景化的实施,在入园后、离园前、餐后小憩时,进行湿地观察、动物养殖。	每天1小时 大、中、小混龄	实践性
	林地特色	通过生命课程、节气课程、雨林课程这三个联动课程,结合小、中、大年龄特点,开展林地初探、农耕种植、野外生存主题课程,结合区域活动,丰富幼儿的经验。	每周3次 每次4小时 以班级为单位	游戏性
	基地探索	通过前往钟楼区45家资源基地,观摩游戏,对农耕、生态环境产生一定的认知。	每月1次 全园基地观摩探索	多样性
	文化节	结合我国传统的二十四节气,开展文化节活动,让幼儿充分体验民俗文化,展示林地课程成果。	每学期1次 园内亲子活动	情景性
	五星娃必打卡十大景点	通过必打卡景点旅游,对我市和全省内的历史文化、自然生态和地质地貌,进行了解和认知。	每学期1-2次 家长带领游玩	家园互动性

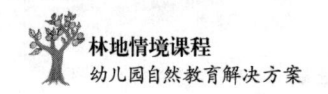

第三节　林地情境课程的内容来源及其具体表现形态

在如何选择和组织课程资源上，林地情境课程始终坚持两个基本原则：第一，林地情境课程所蕴含的自然教育思想是一种广义的自然教育，它既包含人类改造的自然，也包含幼儿成长的规律，因此，除了以大自然为底色的各类资源，其他有关以大自然为基础、经由人类改造且已成为人类社会生活基本组成部分的社会资源和文化资源都是林地情境课程的内容来源。第二，秉持协同教育的理念，林地情境课程内容的开发集合了幼儿园、家庭以及其他相关的机构，充分发挥不同教育主体的资源优势，为幼儿创设尽可能完备的自然课程内容。经过多年的实践，五星幼儿园建构了三维度、三层次的林地情境课程内容资源光圈（见图3-3）。

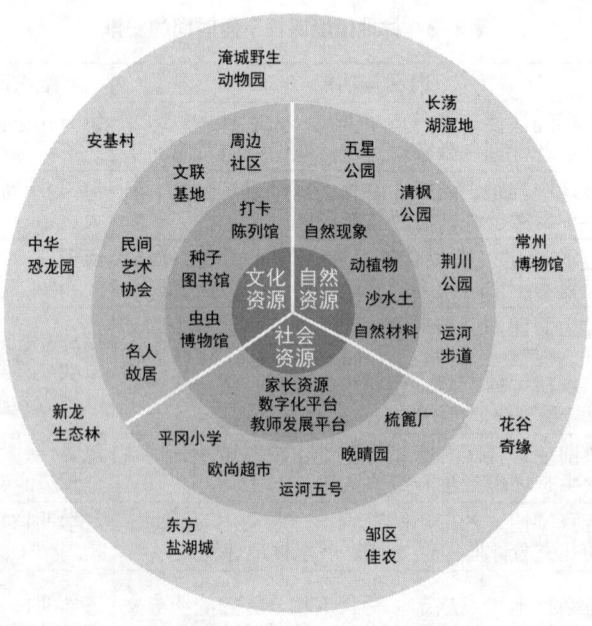

图3-3　林地情境课程资源光圈

一、林地情境课程的内容来源

林地情境课程的内容主要涵盖自然资源、社会资源和文化资源三个方面，其中后两者主要体现的是人类对自然认识的深化及对自然的改造，是深化幼儿经验认知、提升幼儿思维品质的重要支撑。这三者内容的建构又呈现出一个自内而外的圈层结构，即它们是以幼儿的学习能力和资源的可及性为线索，首先关注幼儿能开展哪些活动、能接触到哪些资源，接下来以空间距离为尺度，将不同地域范围内的资源纳入课程内容范畴。

1. 自然资源

自然资源主要是以幼儿日常所感知到的自然现象、动植物、沙水土、自然材料等为对象，其作用主要是引导幼儿建构起对自然的原始印象。为了获取和组织这些资源，五星幼儿园的教师们一方面以幼儿的日常生活为基础，引导幼儿感知自然；另一方面引导幼儿走进自然，把幼儿园周围的五星公园、清枫公园、荆川公园、运河步道视为自然资源的获取场所，带领幼儿在这些场所开展体验活动。此外，随着幼儿经验的增长，教师们进一步将更"原始"、更专业、更综合的自然空间视为自然资源的来源，如长荡湖湿地、新龙生态林、淹城野生动物园等。

2. 社会资源

社会资源是围绕幼儿生活而呈现的一类资源形态，其作用是向幼儿呈现人类生活中所存在的各类社会关系。在社会资源的组织过程中，教师们非常注重家庭教育资源的挖掘，将幼儿在家的一日生活纳入课程建设范畴。例如，围绕幼儿的日常生活，教师们将超市购物引入课程建设，将其中有关自然的内容纳入课程内容范畴。此外，还带幼儿去梳篦厂了解制作梳子的材料、流程等。社会资源的纳入主要是引导幼儿从生活的角度去理解人与自然的关系，它可以直观地向幼儿展示人类对自然的依赖与改造。

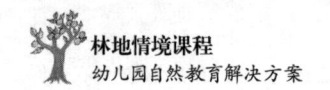

3. 文化资源

文化是人类改造自然的集中体现，其所蕴含的思想和价值观可以帮助幼儿从形而上的角度去认识和把握人与自然的关系。文化是人类认识长期积累的过程，它既体现了人类改造自然的能动性，同时也反过来推动人类更好地去对待自然。林地情境课程以虫虫博物馆、种子图书馆和打卡陈列馆为核心内容，引导幼儿跨越时空去认识自然以及人类改造自然的过程。在此基础上，幼儿园周边的名人故居、文联基地也被视为重要的课程内容来源。待幼儿经验发展至相当水平后，五星幼儿园又进一步将更具代表性、更具文化内涵的机构及其所附着的内容纳入课程内容范畴，如组织幼儿走进常州博物馆等。

二、林地情境课程内容的具体表现形态

1. 自然资源的具体表现形态

在林地情境课程中，自然资源的表现形态多种多样，涵盖了林地中的动植物、土壤、水源以及气候等各个方面。幼儿们可以通过实地考察、观察记录和实验研究等方式，深入了解林地生态系统中的各种自然资源，包括动植物的种类、分布和生存状态，土壤的类型和肥力，水源的流动和净化过程，以及气候变化对林地环境的影响等。通过这些具体的自然资源表现形态，幼儿们能够更加直观地认识到自然界的多样性和复杂性，从而培养他们的环保意识和生态责任感。

2. 社会资源的具体表现形态

在林地情境课程中，社会资源的表现形态主要体现在人类与林地之间的互动关系上，这包括林地对人类社会的经济、文化、教育和休闲等方面的价值和贡献。幼儿们可以通过参与社区调查、访谈林业工作者、参观公园和自然保护区等方式，了解林地资源在木材生产、生态旅游、传统知识传承以及科学研究等方面的应用和管理。通过这些具体的社会资源表现形态，幼儿们能够认识到森林资源在人类社会发展中的重要地位，增强他们的社会责任感和可持续发展意识。

3. 文化资源的具体表现形态

在林地情境课程中，文化资源的表现形态主要体现在森林对人类文化的影响和贡献上，这包括林地在文学、艺术、宗教和民俗等方面的表现，以及林地对人类精神生活和价值观的塑造作用。幼儿们可以通过阅读相关文献、欣赏自然艺术作品、参与传统节庆活动以及学习森林相关的民间故事等方式，深入了解林地在不同文化背景下的象征意义和文化价值。通过这些具体的文化资源表现形态，幼儿们能够更加全面地认识林地在人类文明进程中的重要作用，从而培养他们的文化认同感和跨文化交流能力。

三、林地情境课程内容的开发列举

五星幼儿园将通过组建项目资源管理小组，尝试从个案研究开始，摸索资源如何转化为项目活动，如何跟幼儿的一日生活融会贯通，探寻林地情境资源建设的基本路径和操作方法，并学习将这些经验和方法进行迁移，进而指导班级开展活动。一方面，幼儿园的教师不断挖掘园内物质资源，从班级课程目标出发，结合课程内容，利用好现有的各类材料，同步根据幼儿的游戏和学习需求，不断挖掘、变更、添置新的材料。另一方面，教师们坚持以幼儿园为中心，对周边的自然资源进行了梳理和盘点，充分利用五星幼儿园的特色，结合自然生态资源、周边环境资源，辐射一定范围内的资源找寻可能开展的活动以及幼儿经验生长的价值点，形成更加丰富的课程资源，并提出针对性的教育建议。

对于幼儿们来说，一节有吸引力、有生命力的课程从来都不需要"高大上"，而是要脚踏实地，这"地"就是我们的土地。中国几千年的农耕文化，也让今天的我们依然热爱着土地。从古至今，大地一直滋养和陪伴着我们，在大地的怀里，人类最能找到归属感和安全感。幼儿们也是一样，他们喜欢在大地上奔跑、打滚，喜欢玩泥巴、挖土……在人类的潜意识里，总是感觉与大地在一起就是踏实的、欢喜的。大地像一座宝藏，蕴藏着丰富的资源和无限的能量，安静又富有活力。这

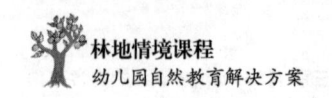

些年，五星幼儿园依托林地场所还构建了很多不一样的课程内容（见表3-4）。

表3-4 林地情境课程内容的开发案例

自然物名称	自然物属性	建议玩法
石头	坚固、脆硬、呈块状，或粗糙、或光滑，种类繁多，形状各异，能上色，有一定的重量。	可堆叠、可彩绘、可抛接……
树枝	材质脆、易掰断、长条状、重量轻、能承重、造型独特。	可架构、可拼搭、可固定、可插在泥土里、可当笔作画……
树叶	俯拾皆是、脆弱易碎、形状各异、色彩多样、各不相同，有不同的叶脉。	可采集、可对应、可数数、可探究、可拼贴……
花朵	色彩艳丽、富有美感、有香味、有象征性，不易保存、季节性强、柔软脆弱。	可采集、可制作香水、可染色、可探究、可种植、可插花、可拼贴……
泥土	易取、土质不同、吸水性、储水性强、干湿状态下形态不同、有黏性。	可种植、可塑形、可测量、可挖掘、可游戏、可装饰、可作画……
藤蔓	易弯、柔软、不能直立、能攀援、长条形、能缠绕。	可设计迷宫、可探究、可缠绕、可艺术创作……
草	易弯曲，有韧性，随处可取。	可斗草、可编织、可贴画、可装饰、可与其他材料结合游戏……
雨水	无色无味、容易收集，雨有大有小。	可玩颜料，可以聆听雨水落下的声音，可探究物体的沉浮……
种子	颗粒较小，形态各异，颜色和大小各不相同。	可种植，可观察形态，可创作拼贴画，可寻找收集……
蜘蛛网	细小如丝，有韧性，有黏性。	可观察蛛网，可拓印蛛网，可模拟蛛网，可探索蛛网的承重力……
木头	重量轻、强重比高、弹性好、耐冲击、纹理色调丰富美观。	可体验木工，可钻孔，可搭建乐高，可做平衡木，可彩绘，可拓印……

1. 野外观察类课程

幼儿们很喜欢在林地里去看那些日常不易看到的事物，幼儿园的教师就组织他们到林地观察植物、昆虫、鸟类等。通过观察，他们的小脑袋里就会冒出很多问题，比如：

大树没有嘴巴是怎么喝水的？

小鸟总是和同伴叽叽喳喳地说个不停，可是怎么没有看到它们的耳朵？

为什么小草断了一截还能活下来？

为什么一碰小豆虫，它就把自己卷成一个球？

同样的一阵风吹来，为什么有的树摇晃得厉害有的树就很稳呢？

在教师的引导和解答下，幼儿们就"哦哦哦"地张大嘴巴，点着头，明白了很多。那一刻，他们的世界都变得明朗起来。

2. 自然探索类课程

在林地里有着非常便利的条件，可以让幼儿们尽情探索。他们可以抓小昆虫、摘野果子、寻找小溪的源头，或者抓一条小鱼放在手心里体会那种"痒痒"的感觉，教师们也可以组织孩子寻找树叶、松果，或者进行寻宝类的游戏等（图3-4），这些课程都会成为幼儿们的爱好。

刚刚入园的小佳妮，在第一次参加林地课程时，把两只小手全部都埋在了沙土里，然后她惊奇地叫道："老师，沙子是凉凉的，它们在我的手里钻来钻去，好痒啊……"

可见，无论是探索植物还是动物，抑或仅仅是玩一玩沙水泥草，幼儿们都能

图3-4 树叶碰到脖子的感觉扎扎的、痒痒的

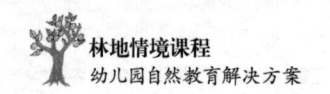

体会到奇妙的感觉，并慢慢地发现大自然中的各种秘密。

3. 手工制作类课程

在资源丰富的林地里组织手工制作，可以轻轻松松地激发幼儿们的无限创意。比如，用叶片拼贴，用树枝编制，用林地里寻找到的各种东西自由创作……只要他们喜欢，只要他们开动了脑筋，展开了手脚，就已经在锻炼着行动能力和创造力了。

大班的一个小朋友因为想用树枝搭建一个鸟窝，于是一整节课都很努力，不停地在林地里捡拾、挑选、修剪、搭建。搭建完成时，他看着自己的小手说："我的手都粗糙了，好像我爷爷的手。我爷爷也给我捡树枝玩儿，但我这个和爷爷做的不一样，我有点想爷爷了……"

因为让他们亲自动了手，所以做出不一样的作品。因为这些原料也是生活的一部分，所以还会想到某人、某事。他们的小手粗糙了、小脚丫跑累了，但是他们的心灵却越发澄澈了。

4. 小组合作类课程

在林地里组织一些团队合作的活动也是一件快乐的事。比如大家一起搭建一座小屋，共同种植一些花草，或者来一场捉迷藏的游戏，都是培养他们团队合作意识和社交能力的好办法。在搭建树屋时，幼儿们不停地探讨着方案、分工，一起寻找材料，一点一点搭建，失败了再来，相互鼓励。在幼儿的眼中，搭建树屋不是一项任务，而是一场盛大的派对，每一次交流都是一次心灵的碰撞。当教师看到这些场景时，也不免动容。幼儿们从林地出发，在一步一步走向自己的人生。

5. 亲子互动类课程

如果把家长们也请到林地里，一起参加活动，就可以让家长更加了解林地教育，从而也能够更好地与幼儿园形成良好的互动。教师可以组织一些家庭探险或寻宝类的游戏，或者共同植树、修剪草坪等活动。相比于那些室内的游戏，整日生活和工作在各个楼宇之间的大人，一旦身处大自然之中，也会更加轻松一些。在这样一个鸟叫虫鸣、四处弥漫着花草香气的地方，和自己的宝贝在一起共同努力，一起付出汗水和劳动来完成一项小任务，是多么棒的体验啊！或者，哪怕只是安静地听一听风吹过树叶的声音，也是很美的吧。

林地课程无疑让幼儿获得了户外活动的好机会，而对于幼儿教师而言也是一个新的尝试和挑战，如何利用好林地课程，才能使幼儿在这一阶段得到更好的发展，是其始终不能放下的思考。当然，林地课程的实施，也会伴随许多困难，教师在课程开始前就要做好充分的准备和预设，这样才能使林地课程教学变得更顺利。

CHAPTER 4

第四章

林地情境课程的实施

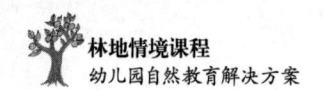

一所好的幼儿园不应该只是一个教给幼儿知识的地方，而更应该是让他们形成好的行为、品质和思想的地方。教师对幼儿看见的越多、听到的越多、尊重的越多，就越是会以他们喜闻乐见的方式来传播好的能量，幼儿就越能够成为主动的学习者。毫无疑问，幼儿喜欢的课程实施方式就是生活化、游戏化的活动方式。随着教育改革的深入发展，无论是教师，还是幼儿家长，都越来越关注幼儿的户外学习与实践。特别是对幼儿园教育来说，为幼儿提供林地教育，让幼儿通过林地情境切身感受大自然、认识大自然，不仅比书本教学更加有效，而且更有利于幼儿的身心健康，让幼儿学会关注自然、尊重自然、回归自然，从而给传统教育带来新的生机。因此，生活化和游戏化不仅是林地情境课程实施的基本路径，同时也成了五星幼儿园的园所理念。生活化、游戏化的林地课程是在充分考虑幼儿活泼好动、好奇心强，但又注意力不集中等特点的基础上产生的一种教学方式，这种教学方式更贴近幼儿的生活和兴趣点，因此在很大程度上可以提高幼儿的课堂参与度，让幼儿在潜移默化中学到知识。

第一节 创设林地情境课程空间

幼儿本身正处于丰富自身思想认知的重要阶段，这时教师若能够将部分自然角度的文化要素、道德品质内容传达给幼儿，他们本身的基础能力、思维认知便能够得到有效培养。因此，五星幼儿园将自然资源这一要素作为五星幼儿园教学之中的革新重点展开探究，因为林地之中自然资源丰富，如"环境""生态""动植物"等，都能够给幼儿带来不一样的体验。将自然资源融入幼儿教学之中，幼儿本身所能够学习到的知识要素也会更多，这对其后续个人发展更能够起到良好的支撑作用。基于倡导幼儿参与和体验的课程理念，林地情境课程实施的第一步便是为幼儿创设相应的活动空间。林地情境课程空间实质上是教师为幼儿创设的学习环境，它们具有生活化、游戏化等特征，在既定的课程空间里，幼儿可以以自己的方式去探究自然。同时这一课程空间又具有很大的开放性和生成性，它允许幼儿根据自己的发现去拓展并生成新的课程空间。因此，在实施林地情境课程时，五星幼儿园的教师依照在林地间寻找主题空间、利用林地拓展课程空间和利用林地建构新的探索空间的思路来为幼儿们创设具有递进性的学习空间。

一、在林地里寻找主题空间

在幼儿的眼中，花草树木都是鲜活的生命。在林地里，幼儿们面对着那些大自然中的生命时，会更加地替它们着想。教师利用林地资源，将其内部的"环保""生态"等要素加以应用，就可以构建出更为完善的教育教学活动，这样幼儿在参与相应的活动学习过程中，便能切实提高自身对相应德育、品格的认知，实现自身综合能力的基础奠定。

比如，五星幼儿园有过一堂关于节约用水的主题课。教师利用部分现代教学手段，播放一些"缺水地区生活现状""人们过度用水而导致水源枯竭"以及"缺水之后的植物状态"等主题视频，以此引导幼儿认识到"水是不可再生的一种重要自然资源"这一内涵，以及缺水所造成的后果。以此为基础，教师带领幼儿到林地之间寻找，看有没有因缺水而枯萎的植物，以此激发幼儿的环保意识与理念，并将"保护水资源、避免水资源浪费，就是一项环保措施"的理念传达给幼儿。因为这时幼儿亲眼见到了"枯萎"与"茂盛"的对比，对环保理念的理解能力和自身的践行能力都可以得到有效提升。

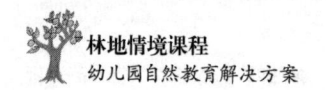

二、利用林地拓展素材空间

幼儿总是喜欢参与的。用自己亲手寻找到的素材（见图4-1）来创作常常更能增加他们的成就感，也让幼儿们更加愿意参与活动。同时，有了丰富的素材，原本的部分区域教学手段、一日活动教学方式等都可以得到优化。最简单的例子，五星幼儿园的教师常常在传统的与手工相关的活动教学之中，引导幼儿们采用在操场捡树枝、捡树叶、捡花瓣的方式，来丰富手工学习素材，以此保证他们能够更好地完成后续的手工活动需要。

图4-1 废旧轮胎是很受欢迎的拓展素材

不仅如此，教师在带领幼儿们进行实际素材的找寻过程中，还可以同时引导幼儿对身边的自然资源进行观察，如花丛、草丛在不同环境、时节的不同状态，不同的风力吹到树枝时树枝随风摇摆的不同形态等，这些观察不仅对其后续的创作课程起到积极的辅助效用，更能增加幼儿参与学习活动的兴趣，同时增进了他们对自然资源的动态了解。

三、利用林地构建探索空间

每个幼儿都天生具有好奇心,让他们去接触一些教室里触碰不到的东西,往往可以让他们头脑中生出许多"为什么"。所以,在确保幼儿安全的前提下,带领他们来一场"丛林发现",将会成为幼儿们最乐于参加的课程。在这一过程中,教师会给予有针对性的引导,使幼儿的生活经验、文化认知、精神品质、思维能力等都得到有针对性的发展。

比如,在参观到麦田时,幼儿可能会问"老师,这是什么?""这真的是我们吃的面粉吗?""看起来一点也不像"等,这时教师就可以以"面粉是怎么来的"为主题,展开相应的知识内容教学。再如,秋季在林地里,幼儿可能会观察到有些树木的叶子已经落了,而有些树木的叶子还是绿色的,就可能会问"树叶落了,树会不会死掉?"等问题,而针对这些问题,教师则可以给出"不同树木的习性""树木的生长过程"相关的回答,这不仅可以使幼儿的疑问得到解决,更能够提升他们的生活经验和认知,让幼儿更乐于到林地里去探索未知空间。

林地情境课程总是尽可能地在林地拓展空间,让幼儿有更多体验,让他们看到更多的"为什么",在不一样的林地空间里总能有不一样的收获。

第二节 林地情境课程实施的时间与方式选择

在长期的林地情境课程探索过程中,五星幼儿园形成了倡导"崇尚自然环境、追求自由平等、引导自主体验、培养活泼自信、乐于自我管理的现代幼儿和教师团队"的理念,在课程实践上倡导幼儿在玩中体验,玩中收获,以"自然生长、自主活动、自由发展"为基本宗旨,从幼儿经验出发,让幼儿在同伴、教师、家长的陪伴下尽情玩耍,体验游戏的趣味、生活的滋味、童年的玩味。因

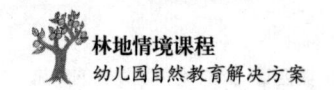

此，林地情境课程的实施与组织方式也是以此为基点，根据三个年龄段的特点，依据"自由锻炼、自主发展、自我管理"三个维度纵向细化，形成一个易于实操的、简单有效的组织方式，即"请让我生长得像我"。

一、时间上——由"被动参与"到"主动分配"

在传统的课程实施过程中，幼儿的学习被固定的时间表分割成不同的模块，使得幼儿的持续探究活动在关键时刻被打断。在既有的课程实践模式中，教师、幼儿和课程内容都是服从于一定的时间规则的，是时间先行而非幼儿先行。由于林地情境课程倡导幼儿的深度体验和有意义学习，这就使得教师必须改变传统的时间安排方式，将教师和幼儿在课程实践中的被动参与转向自主规划和分配时间。因此，在林地情境课程的实施过程中，首先要做的就是改变课程的时间设置规则，抓住"弹性充裕"与"自由分配"这两个关键词，引导教师根据幼儿的学习需要去自主规划和分配时间。

1. 教师层面

在保证课程实施不随意的前提下，林地情境课程允许教师自主调控时间。由于自主规划时间意味着教师需要对幼儿的学习有全盘的把握，这对习惯了根据课表上课的教师而言是一个巨大的挑战。为此，五星幼儿园开始调整课程的实施模式，在保障一定课程实施秩序的基础上，允许教师自主决定课程内容及其时间安排。在教师层面，幼儿园积极鼓励教师转变课程实施观念，提升课程实施能力，发展课程实施智慧，有弹性地开展课程教学活动。在课程游戏化开始时，教师对于"自由调控的度"掌握不够而"想为却不敢为"，后来便从被动的执行者开始慢慢探索，慢慢从师本走向生本，开始关注幼儿的兴趣和需要，慢下脚步，给幼儿提供环境和材料，陪着孩子一起去探索和发现。

2. 幼儿层面

为了保障幼儿学习探究活动的完整性和深入，林地情境课程一是调整了幼儿游戏、学习、生活和运动的时间比例（见表4-1），给予幼儿更多的时间用于开展游戏活动和运动。例如，为了保障幼儿对自然探究的重复性，林地情境课程适当增加了区域游戏的时间。二是给予幼儿自主安排时间的权利，让幼儿可以根据自己的探究需要自主决定活动何时结束。

表4-1　时间自主后幼儿一日生活项目时间对比

前：

活动项目	时间(小时)	比例
游戏	2.5	31.25%
学习	1	12.5%
生活	3.5	43.75%
运动	1	12.5%

后：

活动项目	时间(小时)	比例
游戏	3	37.5%
学习	0.5	6.25%
生活	3	37.5%
运动	1.5	18.75%

3. 课程层面

在林地特色课程中，相同的任务在不同班级的试点教学中所产生的经验与差异都是有所不同的，这彰显了不同年龄幼儿当下的游戏水平（见图4-2）。因此，在林地课程的时间安排中，根据"不同玩法、不同规则、不同幼儿"等维度，允许幼儿有足够充裕的时间去自由探索，以最大限度地保护幼儿探索的欲望。

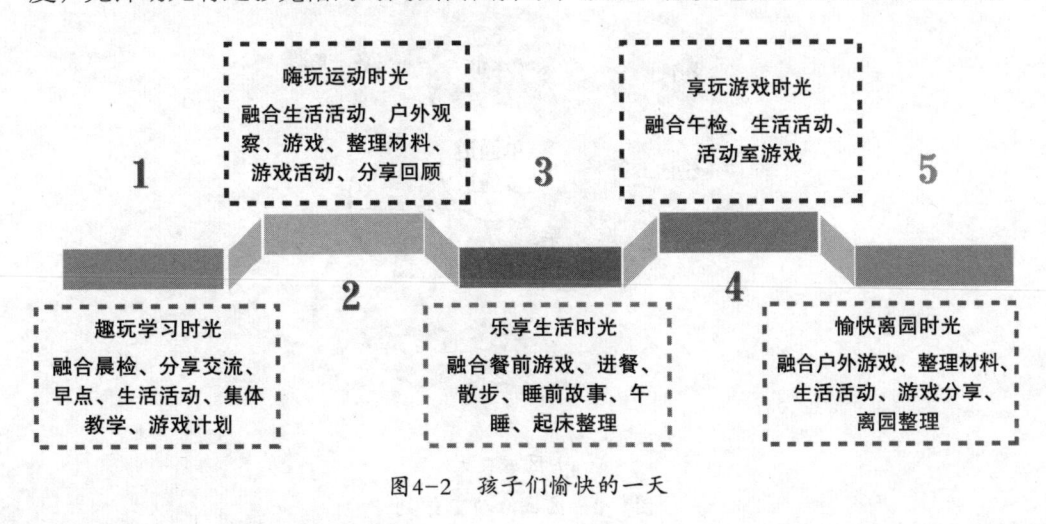

1 趣玩学习时光
融合晨检、分享交流、早点、生活活动、集体教学、游戏计划

2 嗨玩运动时光
融合生活活动、户外观察、游戏、整理材料、游戏活动、分享回顾

3 乐享生活时光
融合餐前游戏、进餐、散步、睡前故事、午睡、起床整理

4 享玩游戏时光
融合午检、生活活动、活动室游戏

5 愉快离园时光
融合户外游戏、整理材料、生活活动、游戏分享、离园整理

图4-2　孩子们愉快的一天

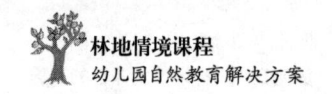

二、方式上——由"服从安排"到"自主选择"

固定时间表下的幼儿园课程基本上是预设的，它根据预定的教育目标和对幼儿学习规律的一般性理解去设置课程内容与课程实施方式。这种课程实施方式最大的弊端是无法根据幼儿的学习进程进行及时的调整以最大限度满足幼儿的学习需要，因而容易使幼儿丧失学习兴趣，进而导致课程目标难以达成。林地情境课程强调幼儿的体验和探究，始终把幼儿的兴趣与参与视为课程实施的首要依据，视幼儿为有能力的学习者，在学习方式上给予他们很大的自主选择权。

1. 区域活动变自主

在区域活动中，林地情境课程将原来的"老师安排"变为"幼儿选择"，将区域由原来的教室"四周"分布到"各个角落"，区域通道由原来的"一个出口"到"多个出口"，区域形状由原来的"固定"到"多变"（见图4-3）。将桌椅、开放的游戏柜合并或拉开，调整区域设置，拓宽自主游戏空间，尝试将区域规则改变一点，活动自主一点，空间由静态到动态，允许幼儿在自然状态下由一个区域转移到另一个区域。这一尝试让幼儿们的活动空间变得更大了。

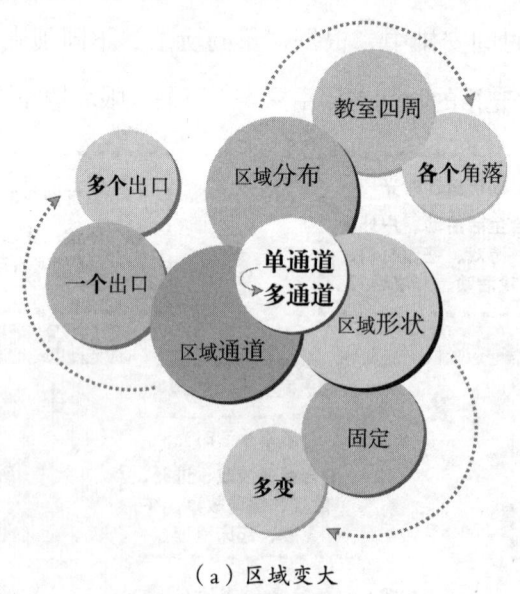

（a）区域变大

图4-3 区域活动变自主

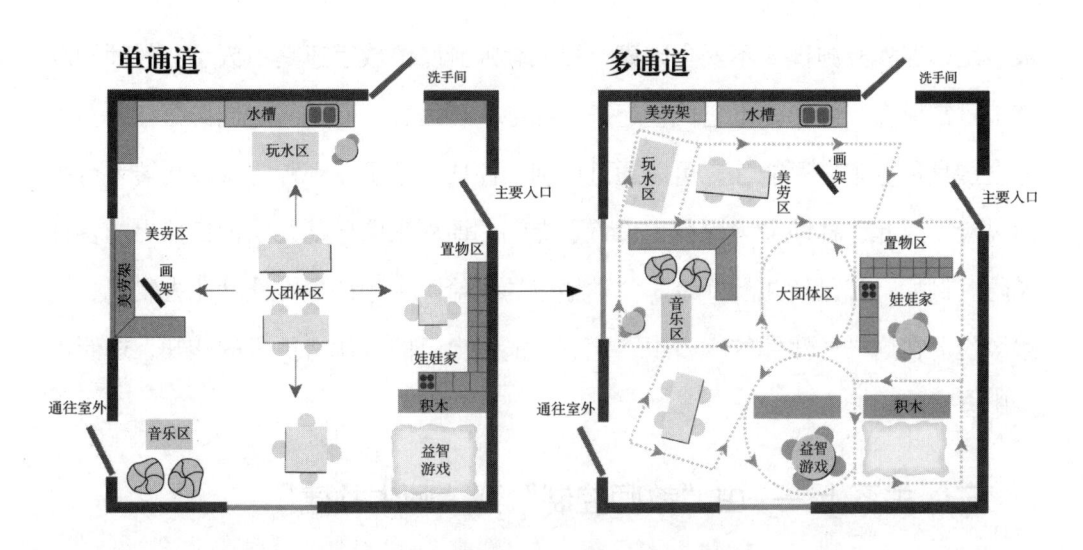

（b）出口变多

图4-3 区域活动变自主

2. 集体教学促自发

林地情境课程的实施也采用集体教学方式进行，但实施方式却由原来"遵从教材"为主转向关注幼儿的经验为主。以"特色走班"——特长教师组织级组活动，"互动抱团"——两班幼儿共享学习、游戏，"幼儿参与主题生成——生发主题"等形式，在集体教学中贯穿游戏精神，促使集体活动与个别活动相互补充，使得教学活动生动而有趣。

3. 运动活动享自由

在幼儿园运动活动中，教师以户外混龄游戏为运动载体，改变传统的规则性体育游戏，尝试同年级混班—分年级混龄—全园混龄，将幼儿放在同一个空间内通过"大带小、小促大"的活动方式让彼此在相互交流、互助、示范、模仿、学习等形式中自主地进行各种体育游戏活动。在混龄体育活动中，通过混龄幼儿间的互动，构建一个互助学习与协同游戏的活动方式。

4. 特色课程彰信任

在林地特色课程中，随处可见突兀的枝丫、坑洼不平的泥地等，这些都可能

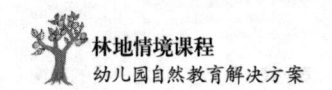

被传统的课程实施视为不安全因素，那么教师到底该放手还是不放手？教师们没有按日常保教行为那样把它们包起来以杜绝一切后患，而是将它们暴露在外。因为这些具备危害的可能性，可以通过识别、评估、记录、跟踪等手段而转为可控的风险。为此，林地情境课程也设置了专门的课程来引导幼儿认识自然界的各种风险。例如，五星幼儿园开设了"林地里的风险"主题课程，让幼儿去发现、规避风险。在这样一件件的小事中，他们才能对自己的身体有更多的感知，进而生发出自信。

三、关系上——由"教师控制"到"师生共建"

在林地特色课程中，教师充分尊重幼儿的需求：雨天到底在哪儿上课，教师来听幼儿的。室外多样的雨林探险、室内促进交流的经验分享，针对不同天气，适宜开展哪些活动，教师们也专门做了"适宜开展的活动"等研究。教师通过转变传统观念，学会向幼儿学习。课程实施中，强调"幼儿在前，教师在后；追随幼儿，教师同行"的互动关系，通过行为暗示、规则内化、情绪引导共建师生关系，让幼儿和教师游戏在一起、成长在一起、幸福在一起。再通过观察、解读，提升教师专业素养，并开展专题式研究，借由科学路径，让教师真正了解幼儿，实现"幼儿在前，教师在后"。

在这样的组织形式下，幼儿就是幼儿，他们可以释放天性，而教师则不只是教师，更兼具了引导者、支持者的角色。

第三节　林地情境课程的开展过程

好的环境其实只是幼儿探索的一个层面，只有让幼儿亲自参与了环境的创设、卷入了课程的创生，与环境、课程产生了内在的联系，幼儿才能真正成为环境的主人，这样才更利于幼儿探索。在林地情境课程的开展过程中，五星幼儿园以问题为导向，以个性化体验打卡的方式贯穿幼儿的一日生活，让幼儿始终参与其中。同时，教师们还梳理问题库，形成问题意识，让幼儿带着问题进入林地情境，以产生问题意识、进行自主体验、解决具体问题的方式助力幼儿经验的生成和增长。

林地情境课程的开展有一个固定的程式，它由情境卡、问题墙和经验展三个部分组成。首先，林地情境课程根据具体的课程内容设置不同的情境卡以及该情境卡的功能，在课程实施前，教师与幼儿一起通过情境卡来了解他们的学习兴趣和学习需求。其次，教师将在情境卡设置环节所收集到的信息以问题墙的形式予以呈现，并区分出哪些是共性的问题，哪些是个性的问题。最后，总结幼儿在林地情境活动中所开展的体验和探究活动，将其活动成果以适当的方式呈现出来，帮助幼儿通过对活动过程的回顾来巩固经验并生成新的经验增长点。以上三个环节并不是单向度的，而是非线性的，如经验展可以生成新的情境体验卡，问题墙同样也允许幼儿调整自己的情境体验方向（见图4-4）。这一程式最大的特点是生成性，它以幼儿的经验发展需要为主要依据而展开。

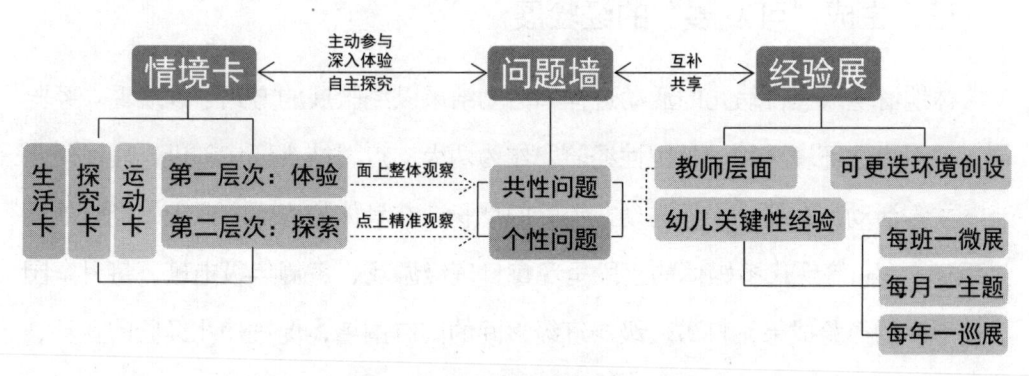

图4-4 林地情境课程的三环节

一、形成"多层次"的情境卡

林地情境课程根据课程情境设置了3种类别的情境卡（生活卡、探究卡、运动

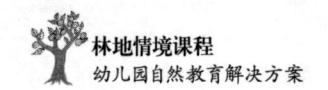

卡），以及2种功能的实施形式（体验和探索）。林地情境课程的开展分为两个递进的层次。第一层次：体验，重点关注幼儿感官体验，通过亲身经历引导、启发幼儿在情境中主动发现问题、生成待解决问题。第二层次：探索，重点关注幼儿的自主探究，通过丰富的可操作材料，针对生成问题进行主动学习，以游戏的方式鼓励幼儿主动参与、深入体验、自主探究、交流经验，以培养幼儿好奇好问、主动探究、解决问题的学习能力。

二、设置"多结构"的问题墙

林地情境课程将征集到的幼儿在情境体验活动前和活动过程中所探索出的问题，与信息技术有效结合，以二维码等方式呈现。在面上整体观察，面向全体、兼顾个体，设计共性问题墙，并在点上精准观察，关注个体经验，师幼共同讨论解决，注重经验支持的及时性和有效性，生成个性问题墙，让幼儿与墙面进行有效互动，发挥问题墙"隐性课程"的作用，不断拓宽、加深幼儿思维深度和广度。

三、生成"可发展"的经验展

林地情境课程将幼儿的活动过程和活动结果以经验展的方式予以展现。经验展以"可更迭环境"和"关键性经验"作为两大支点，结合环境创设，呈现幼儿当下关键活动，在互动中促进幼儿经验的增长。在具体的表现方式上，经验展通过手机、iPad等现代多媒体的手段呈现每日班级游戏、每周年级走班、每月全园个性展示的经验成果，打破班级与班级之间的固有围墙，促进幼儿经验的互补、共享，形成一个经验的生长式提升，建构幼儿学习方式的新范式。

林地情境的课程恰好可以为实现这样的目标创造条件。教师们可以借助森林、花园等场地，通过游戏的方式让幼儿亲近自然。幼儿在家长或教师的陪同下置身于大自然之中，尽情感受大自然所呈现出来的生机与活力，从而也会变得开朗、活泼起来。林地课程还有一个特别的优势,那就是可以拥有更为广阔的场地,这就给了幼儿们更多的活动机会,他们可以在林地环境里上蹿下跳,可以尝试攀爬、跳跃、奔跑,这些在室内很难实现的课程方式,让幼儿的肌肉可以得到很好的训练,对提高平衡能力也十分有帮助。而且,研究还显示,通过直接行为感受各种真实的感官刺激还可以帮助幼儿增强信心和自尊心。

事实上,幼儿们在林地里除了大动作可以得到释放外,他们头脑、眼睛、鼻子、嘴巴、双手以及时间、空间等都得到了解放,感知器官会得到全方位的调动。他们会好奇树洞里有什么,会疑惑蚂蚁为什么要排队走,会饶有兴致地听两只小鸟叽叽喳喳,也会忍不住思考大树的根到底有多大……在此过程中,教师加以恰当的引导,幼儿们的观察、想象、思维、操作等实践能力就都可以得到发展,质疑、批判、反思等创新能力也能得以彰显。

但让林地课程生活化、游戏化还需要克服一个十分关键的困难,那就是教师们必须尽可能地放下那些因为过于担心幼儿的安全而对游戏所设的限制,让幼儿们能够尽情地游戏。不可否认的是,在生活化、游戏化的林地课程里,幼儿们会有更多的机会接触到身边可能存在的危险,但这不是坏事,而是让幼儿们学会判断危险、规避危险,以及如何在危险中自救的好时机。他们会在难以爬上一棵小矮树时开动脑筋克服困难,也会在爬到高处而不敢下来时尽可能地思考方法,如果恰好碰到一些菌类,教师会告诉他们不能随便食用野外的蘑菇……与生活和游戏链接的林地课程可以让幼儿在挫折中汲取经验,在成功后获得自信,他们在克服困难、寻找方法的过程中,自我感知力、行动协调性和自信心都可以得到正向发展,他们会随着一次又一次的林地课程渐渐地学会独立处理事情以及更懂得保护自己。

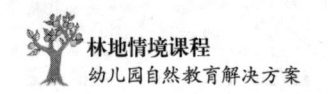

第四节 林地情境课程的切入角度

幼儿喜欢什么样的林地活动？对此可能并没有一个标准的定义，尽管五星幼儿园为林地情境课程的开展设置了一套基本的程序和原则，但教师们还是试图以具体的案例来呈现林地情境课程开展切入的角度。在不同的视角中，幼儿始终是课程实践的主体，教师允许他们在丛林中设置自己的秘密空间，体验天马行空的自由，欣赏自然的美好与丰富，力求最大限度地使林地情境课程以活生生的姿态呈现给幼儿。

视角1：如何开启一项好的林地活动

开启一堂好的林地课程，只有课程内容是不够的。这些年，五星幼儿园的教师们越来越发现，相比于内容，幼儿们对于"林地"，或者说"自然"的情感本身才是最重要的。幼儿对自然的热爱，在自然中所体验到的自由感、安全感、和谐感、成就感才是一堂好课的开始。所以，教师们在开展"林地课程"活动时就从幼儿的情感出发来安排课程活动。比如，当发现有些孩子总是对水保持着一种亲近感，看见水就会高兴或者安静，有的甚至在触摸到水后就会停止哭泣，教师们就创设了一个"水和林地"的课程主题，如"节约用水""水的用途"等。也有很多幼儿喜欢云朵，那么以"云朵"为主题的课程就可以安排起来。有了幼儿们对自然的情感，一堂好的林地课程就已经开始进入了。

除此以外，如果活动本身可以让幼儿充满热情，那么课程就已经在顺利进行了。比如，教师在课前利用林地中的一些材料制作了一幅有关林地场景的画，幼儿们对利用林地中的物品制作画的方式感到非常惊奇，他们都热情高涨地说自己也想制作一幅这样的画。

无论是幼儿对林地中事物的喜爱，还是想要走进林地的热情，都为开启一堂好的林地课程打下了基础。

案例1：林地课程"秋林球会"

设计背景

大班的幼儿早已对林地的秋天有了很深的了解，他们知道秋天的林地有各种颜色的叶子，小脚丫踩在树叶上发出的沙沙声也让他们着迷；天空更蓝，云朵更白；随着各种能力的不断增加，幼儿们也更加地想要展示自己。

此时，教师告诉幼儿们：你们可以在秋天的林地里找到"球"，还可以亲手搭建球场，并且进行比赛。

"什么？我们可以自己搭建运动场？真的吗？""我要做一个足球场！""我要做网球场！""我们俩做乒乓球台怎么样？"……

因为是在他们最喜欢、最熟悉的林地里，而且是亲手搭建，又是自己喜欢的球场，所以整个教室一下子沸腾了，幼儿们的热情一下子被点燃了，一个个都跃跃欲试。

活动目标

1. 知道秋天是果实成熟的季节，了解秋天常见的果实。
2. 能运用林地中的多种材料搭建各种球类运动场。
3. 通过分组完成任务，感受团队合作的力量。
4. 通过亲自动手锻炼感官探索能力、资源利用能力、想象力、创造力，以及动手操作能力。

活动准备

课前准备：1. 课前对林地进行安全排查。
　　　　　2. 课前计划今日活动需重点观察的幼儿名单。

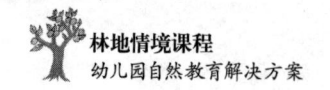

3. 教师需要事先做好足球、高尔夫球、保龄球等运动的知识经验铺垫。

材料准备：1. 安全物品（个人防护设备、医药箱）

2. 水、纸、湿巾

3. 游戏准则牌、话筒

4. 足球、高尔夫球和保龄球的图片、纸巾、毛线、树枝、木板、各种类似圆形的物体、各种自然材料

备用工具：剪刀、水、毛线、挖泥铲

活动过程

一、进入林地。教师在林地入口强调林地规则（不超越边界线、集合口令、垃圾的处理、不采摘与食用野果和蘑菇、不离开队伍太远等）并清点人数。

再次介绍本次活动主题，引出活动——"小朋友们，还记得我们今天要做什么有趣的事情吗？"

"记得，要找球""要建球场""还有比赛呢"，再度调动幼儿的情绪。

让幼儿自由地玩耍以及观察、探索林地环境，寻找林地中像球的物品。

二、集合介绍。让幼儿介绍自己找到的"球"，为自己的"球"起名字，并介绍玩球方法；教师记录幼儿的玩法，收集后续林地课程素材。

三、主题活动

活动1：建造球场

1. 分组并领取任务。

师：我这里有几种球（出示卡片：高尔夫、保龄球、足球），你们能用林地里的材料建造出球场并能玩起来吗？请小朋友们商量好建造哪个球场，小组长来拿卡片。

2. 建造球场（20分钟）。

教师让幼儿自己动手搭建，过程中仔细观察和适度引导，如材料出现问题时

如何解决等。

3. 成果展示、游戏方法（10分钟）。

让每个小组的一名幼儿介绍自己组别搭建的球场，并向大家介绍该球的游戏规则。

活动2：秋林球赛

选择自己想玩的球场和同伴进行球赛（20—30分钟），教师要全程仔细观察，保障幼儿安全问题，以及适度协调比赛中出现的问题，如有人不守规则、出现对抗或者受伤等问题。

活动小结

经验分享、活动延伸。

师：今天你们玩了些什么？遇到过什么问题？怎么解决的？

师：我们这次主要玩了圆形的球，还有一些球不是圆形的，你们可以回去找一找，看一看。

视角2：走进自然就是走进游戏

在一次课程中，王园长问蹲在地上的两个小朋友在干什么，他们异口同声地说："我们在做游戏。"王园长问是什么游戏，他们说游戏的名字叫"挖土坑"。

"原来在孩子的心里，这就是游戏。"王园长不禁有些感慨，他们不需要任何步骤或是工具，只要在户外自由地活动就称得上是玩游戏了。

王园长也想起自己小时候，那时候常常和小伙伴们在户外玩耍，玩得最多的就是挖泥巴和勾老将。大家把泥巴做成一个大圆饼，然后使劲往地上摔，谁的泥巴中间摔出的窟窿最大谁就赢；还有勾老将，通常是在秋季，此时的叶柄因为少了一些水分而变得柔韧，大家一起将两片落叶的叶柄勾在一起，两人各执一根往后拉，谁的没断谁就是赢家。

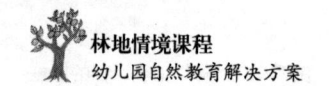

那时候，王园长的心里并没有觉得这就是游戏，只是和小伙伴在外面玩而已。现在一想，可不是吗！走进自然就是走进游戏。对于孩子来说，只要走进大自然，就可以找到很多有趣的事情，捉小虫、捡树叶，或者用石子搭建一座小屋，甚至于坐在地上聊天，都是令人愉悦的。

在自然中，幼儿总是有无限多的创意，那些好玩的游戏全都来自大自然本身的馈赠。比如，小女生最爱玩的过家家，她们会用大片的叶子作盘子，把树叶或花朵撕成块状当作肉片，把小草拿来当作面条，捏一小撮土作为调料，一顿"大餐"就大功告成了。

所以，林地课程也总是给予幼儿更多在自然中的时间，让他们在大自然中寻找他们的游戏。

案例2：林地课程"森林曼陀罗"

设计背景

在林地的自然探索活动中，教师发现幼儿在户外玩耍总是快乐的，他们像快乐的小陀螺一样四处旋转，仿佛只要在大自然之中，他们就进入了游戏天地。但同时，教师也发现，如果教师不加以引导，幼儿们也会有些茫然。因此，教师利用很多孩子喜欢搜集一些自然物并在分享交流过程中也会有意无意地给物品分类的特点，设计了"曼陀罗游戏"。曼陀罗源自古印度梵语，本义是"拥有本质"，但现如今它已经不再是宗教的专有名词。曼陀罗的外在造型很有特点。在林地中，幼儿可以利用随处可见的自然物，根据自然物的固有形态和色泽进行创作。在这个过程中既感受自然的美好，又可以有更多的收获。

活动目标

1. 能运用各种自然材料制作有创意的造型作品。
2. 了解自然材料的特点，按自己的计划分类搜寻对象。
3. 乐意与自然材料进行互动，产生亲近自然的情感。

活动准备

1. 平坦开阔的场所、各种自然物、盛放自然物的背包、圆形布。

2. 在林地中投放一些曼陀罗作品。

3. 幼儿有在林地中搜寻物品的经验，对常见的自然材料有一定的认知。

活动过程

一、走进林地，熟悉林地规则

1. 在进入林地前，教师和幼儿共同约定集合口令，商定发言内容。

2. 教师和幼儿共同围绕边界线行走，了解活动范围。

二、围圈集合，认识曼陀罗画

1. 展示曼陀罗作品，让幼儿对其有充分的了解。

2. 分析作品特点，为幼儿进行下一步创作提供理解上的支持。

三、林间漫步，寻找自然材料

1. 共同商讨寻找自然材料的规则，引导幼儿明白散落在林地里的各种自然物都可以成为创作材料。

2. 自由寻找材料。

请小朋友们每人搜集三种材料，将其放进自己的背包里。教师对幼儿的行为路径、语言交流等方面进行观察、记录，适时适当介入引导。

3. 交流分享。

师：请小朋友们围圈集合，和好朋友说一说你找到了哪些材料，这些材料是从哪里找到的，看看还有哪个小朋友搜集到了和你一样的材料。

介绍完后请小朋友将一样的材料放在一起，数一数我们找到了几种材料。

四、林中畅想，创作曼陀罗

1. 设计曼陀罗样式。

（1）出示圆形纸，让幼儿进行板块设计。

师：我们找到了几种自然材料？所以我们最多可以把这个圆形划分成几个部

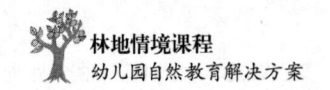

分呢？

（2）师：我们可以怎样划分这个圆形呢？请你试着把自己的想法画出来。

2. 根据自己的设计进行制作。

师：小朋友们都有了自己的想法，那我们就用找到的材料进行创作吧！如果之前找的材料不够用的话，我们还可以继续去林地寻找，不过要注意不能损坏他人的劳动成果哦！

（幼儿自由操作，将自然物进行摆放，教师可以观察幼儿会用哪些材料进行板块划分，又会选择哪些自然材料作为填充物。）

3. 评选最受欢迎的曼陀罗。

师：请每个小朋友介绍自己的曼陀罗，说说自己的曼陀罗有几个板块，为什么要这样分，中间又使用了哪些材料。请每位小朋友选择自己最喜欢的两幅曼陀罗进行投票，看看哪一幅最受欢迎，我们就根据他的创意制作一个大的曼陀罗！

五、体验升级，制作超级曼陀罗

1. 出示直径2米的圆布，共同商讨制作超级曼陀罗所需的材料。

2. 共同操作，制作曼陀罗。

教师注意引导：当小的材料不够的时候，可以尝试更换更大块的材料，制作大的曼陀罗需要幼儿们分工合作，教师可以引导幼儿尝试寻找好朋友一起合作。

3. 调整方案进行第二次制作。

4. 欣赏曼陀罗，给曼陀罗命名。

活动小结

师：小朋友们起的名字都很有创意，今天的活动也非常精彩，请你们在自己的活动记录卡上画出你在制作曼陀罗过程中最开心的事情，记录这次神奇的曼陀罗游戏吧！

视角3：没有什么是不能探究的

教师们经常一起探讨培养幼儿主动探究的方法，最终发现，在保障幼儿安全的前提下，不给幼儿设限，也不给自己设限，就是对幼儿探究能力和兴趣最好的培养。

人类天生就有探索的本能。无论是大人还是婴儿，都在通过探索来了解环境和自己。小孩子总是喜欢摸一摸这个，咬一咬那个，或者把玩具扔出去，这都是他们在感知每一件物体的触觉、味觉、重量和声音，并以此来积累对这个世界一点一滴的认知。他们每摸一下、每咬一下，都和学生背一段课文、学一条公式一样重要。

然而有的时候，人们却本末倒置，总是以"安全"之名，把幼儿和环境隔绝开来，使他们不能探索。其实，获得教育是一个自然自发的过程，是通过幼儿自己在环境中的体验获得，好奇心的发展和动手能力的培养也在这一过程中得以实现。

所以，幼儿就应该连身体是什么都要试探一番，而不是老老实实呆坐着。

但在林地里，幼儿总是有足够的自由去探索他们想要探索的事物，教师们从来不会对幼儿说"不能摸虫子""不能捡粗糙的石头""不能躺在地上"等。教师们甚至会给幼儿们准备好一些小瓶子，以便他们装一些小昆虫带回家去。至于危险，在开展林地课程之前，教师们都会先进行实地勘察，将场所的风险进行分级处理：路上的小石块、小泥坑，花茎上的小刺、树枝上的突起等可能会将幼儿绊倒、擦伤、扎痛的风险为低级风险，可以适当保留，不做处理；尖利的树枝、坚硬的砖角等易致幼儿划伤、流血的风险为中级风险，可以保留风险，但需降低风险程度并做好标记；像马蜂窝、夹竹桃、生锈的物品等易致伤、致病的因素为次高级风险，需将其移除或降低风险；高处断裂风化的竹梯、氧化严重的攀登绳、细小的钢丝等会引发生命危险的风险为高级风险，需立即将其移除。

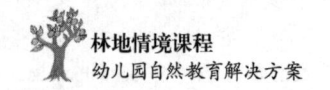

林地里的花花草草都有它们自己的秘密，幼儿们都可以去探索，也都会有收获。

案例3：林地课程"翻滚吧，屎壳郎"

设计背景

在动物世界里，有一个昆虫王国。大班幼儿对小动物非常喜爱，有着探索小动物的经验。在幼儿园，经常会看到幼儿们围成一圈，或趴在地上看蚂蚁搬食，或看蜜蜂、蝴蝶采花蜜，它们瞪着可爱的眼睛仿佛怕看漏了什么，这些小小虫儿对幼儿们有着一种吸引力。屎壳郎——一种幼儿们不太熟悉的昆虫，尽管名字听起来怪怪的，但却更加引起了他们的兴趣。在设定情境下，幼儿们动手动脑，了解生命体和自然环境以及通过实物图表进行数数和人数的对比。

活动目标

1. 了解屎壳郎的特殊性，培养幼儿尊重小动物的品质。

2. 遇到问题时，能动手动脑，运用林地中的物品解决问题；能通过实物图进行数数和人数的对比。

3. 懂得保持森林卫生。

活动准备

1. 材料准备：黑色塑料袋、透明胶带、剪刀若干、数字"1""2""3"、记录表、两个大轮胎。

2. 经验准备：对屎壳郎有初步的了解。

活动过程

一、创设情境，故事导入

1. 通过童话故事让幼儿了解屎壳郎。

2. 扮演屎壳郎激发幼儿兴趣，为后面活动的开展做好铺垫。

二、制作粪球

1. 讨论如何制作粪球。

（1）教师引导：已有黑色塑料袋，里面可以装些什么？

（2）使用材料的风险评估：什么可以装进袋子里？什么不能装进袋子里？

2. 幼儿动手操作，制作粪球。

3. 讨论：如何给袋子封口。

（1）分组寻找林地中可以给袋子封口的物品。

（2）分享方法，提升经验，引导幼儿动手动脑，运用林地中的物品解决问题。师生共同进行使用材料的风险评估，学习保护自己。

三、扔粪球

1. 幼儿轮流扔粪球，并且进行记录。

2. 根据扔粪球所得分数排队，构成实物图表，通过实物图表进行数数以及人数的对比。让幼儿初步感知图表的概念，在玩一玩、写一写、说一说的过程中感知数学领域的实物图表。

四、用粪球哺育小屎壳郎

出示轮胎小屎壳郎，在林地中寻找并选择工具使粪球滚动，将粪球喂进小屎壳郎的肚子里。

活动小结

1. 分享活动中的经验及感受。

2. 感谢努力滚动粪球让森林变得干净的屎壳郎。

3. 引导幼儿懂得保持森林卫生的重要性。

视角4：注重幼儿的成长才是最重要的

和幼儿们待在一起的时间越多，教师们就越是忍不住思考：究竟什么样的教育才是孩子需要的？面对这么小的孩子，我们幼儿园能教给他们什么呢？

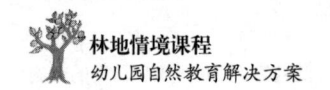

幼儿园是孩子接受集体教育的第一站，一个好的幼儿园绝不仅仅是教给幼儿知识，而是应该为幼儿提供一个有趣、安全、具有创造性和富有挑战性的环境，以促进他们在认知、情感、社交和身体等方面的全面发展。

常常觉得幼儿们就像一棵棵小树苗，从来不期盼他们很早就长成大树，而是希望每一棵小树都扎根土壤，心向阳光，愿意挥动他们小小的枝丫努力向上；可以在雨中跳舞，在风中歌唱；喜欢和朋友分享喜乐，也享受一个人欣赏星光……

这就是成长，它比成才更重要。

所以，在林地里，教师们从来不怕幼儿们会跌倒，也允许他们大笑大叫，允许他们用自己的方式解决问题，在不断地成功失败、高兴沮丧、徘徊坚定中，慢慢体会"可以"或者"不可以"，"这样好"还是"那样好"，慢慢找到自己所喜爱的，慢慢学会自己掌握方向和方法。

案例4：中班林地自然美育"森林音乐会"

设计背景

"美育"这个词在中国最早是由蔡元培先生提出来的，而它的火爆也延续了整整一个多世纪。如今，很多孩子被送到各种各样的培训机构来接受美育。但最好的美育，或许就是让孩子感受到自然的美好。如果你从来不曾在草地上打滚，或许你就不会发现草丛里那些有着鲜艳颜色的小甲虫。它们小小的翅膀轻轻舞动，也能带来一阵清风。如果你从不曾凑近闻一闻花瓣的味道，或许你就不会知道，原来花朵盛开的时候，连风闻起来都和花一样香。应该让孩子跟随自然的脚步，静静聆听自然的声音。我们尝试着让孩子发挥想象，运用各种林地中随处可见的材料，将其转变成自然小乐器，来进行一场美妙的森林音乐之旅。这之中，孩子们完全没有负担，只是快乐地在林地里寻找美妙的音乐，他们经历的一切都是成长！

活动目标

1. 探索林地，大胆寻找可以发出声音的自然"乐器"。

2. 能简单使用辅助工具，积极思考如何使它与自然材料结合从而变成一件小乐器。

3. 尝试指挥合奏森林音乐会，体验与同伴、与自然交织的快乐。

活动准备

林地材料（石头、木棒、干枯的树叶、沙子等）、小铃铛、扭扭棒、皮筋、宽口牛奶瓶、尤克里里。

活动过程

一、经验回忆，交流对音乐会和乐器的了解

1. 教师导入：请小朋友们自由交流，说一说音乐会到底是怎么样的呢？音乐会上都有谁？他们都在做些什么呢？

2. 教师展示一些事先收集的有关音乐会及乐器的照片，并提议在林地里开一场森林音乐会。

二、发挥想象，寻找和制作乐器

1. 师：接下来就请小朋友们在林地里寻找合适的自然材料，并试一试，它们能够发出声音吗？怎样发出声音的？

2. 自主探索，在林地中寻找可以发出声音的自然材料作为乐器。

3. 听到音乐后集合，准备讨论和分享寻找到的自然材料。

4. 分享找到的材料和制作乐器的过程，肯定与接纳分享过程中的各种问题。

5. 师：我这里还为大家准备了其他材料，有铃铛、牛奶瓶等，大家开动小脑筋，看看这当中的一些材料是不是可以帮助你们制作乐器？

6. 开展新一轮的探讨尝试。

7. 进行最终的分享与交流。

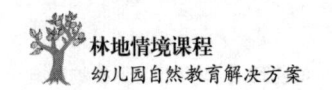

三、看指挥演奏，体验成功的快乐

1. 师：小小演奏家们，你们准备好了吗？音乐会即将开始啦！

2. 初次尝试：森林音乐会——《大王叫我来巡山》，助教老师配合着弹奏尤克里里。

3. 师：孩子们，太精彩了！你们觉得效果怎么样？还想再来一次吗？可是作为演奏家只会一种乐器是远远不够的哦。和你的好朋友交换乐器，我们再来一次！

4. 自由选择同伴交换乐器，再次进行森林音乐会——《大王叫我来巡山》。

5. 在轻松、欢乐的氛围中结束活动。

活动小结

1. 请小朋友们回家寻找适当的材料，为父母演奏一曲。

2. 分享活动中遇到的困难和解决办法。

视角5：主动参与，真好

法国作家拉封丹曾写过一则寓言：

一天，南风和北风相遇。他们想要来一场比赛，看谁能把行人身上的大衣脱掉。谁能够把行人的衣服先脱掉，谁就是赢家。

北风蔑视地看着南风，说："看我的，我的威力大无比，几下就能让行人脱下衣服！"北风上来就加足了马力，打算给行人来个下马威。它拼命向人们身上拍打，然而刺骨的寒冷却让行人将大衣裹得更紧。

这时，南风说："看我的。"只见南风徐徐吹动，一瞬间风和日丽。太阳暖暖地照在大地上。行人越走越暖和，有人开始解开纽扣，没过多会儿就脱掉了大衣。

这就是"南风效应"，作为一名幼教工作者，我们更应该知道，只有从幼儿的身心特点和教育规律出发，科学施教、积极引导，注意发挥幼儿的主观能动性，才能产生事半功倍的效果。

在传统的教学中，大部分实践都是教师在上面讲，幼儿在下面学，至于幼儿想不想学则基本不太被关注。但事实上，相比于成人，幼儿的思想更开阔，对事物探究的态度更积极，他们的精神世界也更丰满。所以，幼儿并不需要一味地重复成人知道的知识，他们更需要的是成人以恰当的方式保持住原本就属于他们的丰富的思想、情感和创造力。

比如，在一节"垃圾分类"的主题课上，教师预先设定了"西瓜皮""剩菜剩饭"为垃圾，因此当教师说"这属于什么垃圾"时，有幼儿说"这不是垃圾"，因为西瓜皮可以做成一顶帽子，剩菜剩饭可以做成肥料。所以，教师只能停了下来，重新确定课程思路，但绝不会批评幼儿"说的不对"或者"反驳老师不对"。

在这个过程中，幼儿是有安全感的，是不怕犯错的，是愿意表达自己的。而幼儿提出质疑，更是在学习审辨式思维，是在主动地学习。教师有什么理由不去保护和鼓励他们的做法呢？

案例5：托班林地活动"树叶泡泡机"

设计思路

秋天的变化随处可见，天气变冷了，水果成熟了……秋天随地可见的树叶也是幼儿们感兴趣的事物，有的还是绿的，有的变黄了，有的变红了，各种各样的颜色成了秋天一道美丽的风景。于是，我们结合幼儿们喜欢的泡泡，开展此活动，让幼儿们愿意去感受秋天树叶的变化，学会用颜色、大小描述树叶，通过玩树叶泡泡机，激发幼儿对科学活动的兴趣，使他们主动参与到各个环节当中。

活动目标

1. 感受秋天树叶的变化，能用嘴吹动树叶泡泡机。

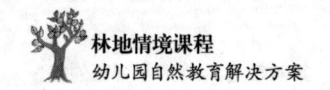

2. 喜欢参与树叶吹泡泡活动，在探究活动的过程中体验发现的乐趣。

3. 愿意主动、大胆地尝试，并与同伴分享自己的心得，激发幼儿对科学活动的兴趣。

重点：捡拾秋天的树叶，感受树叶的变化。

难点：用嘴吹动树叶泡泡机。

活动准备

泡泡器、树叶、纸巾、安全剪刀等。

活动过程

一、引出兴趣，创设情境

师：刚刚老师在我们小花园啊，捡了一些"宝贝"，让我们看看是什么？

师：它们有什么不一样呢？

师：秋天的树叶有红色的，有黄色的，有绿色的……请宝贝们自己去找一找，看你找到了什么颜色的树叶？

分享交流自己找到的树叶，学习使用颜色、大小等修饰词。

（分析：让幼儿们感受小花园秋天树叶的变化，学习使用颜色、大小的词语描述树叶。）

二、吹泡泡

1. 拿出泡泡机，引出兴趣。

师：小朋友们，你们看这是什么啊？

师：你们吹过泡泡吗？

师：我们怎么吹，泡泡会出来？

师：我请两个小朋友上来尝试一下，但老师有个小要求，吹的时候往上面吹，不要吹到小朋友的脸上，吹完了回到自己的座位上。

我们一起来试一试吧！

三、总结吹泡泡小经验

刚刚我们吹泡泡是在圆圆的孔里吹气的,而且吹的时候要轻轻地哦。

(分析:通过尝试吹幼儿们喜欢的泡泡机,让幼儿习得吹泡泡机的方法,要轻轻地往上吹。)

四、树叶吹泡泡

师:今天老师帮宝贝们做一个树叶泡泡机,你们觉得可以怎么做呢?

帮助孩子在树叶上剪出一个圆形。

师:泡泡机完成了,让我们一起来试一试吧!对着洞洞,轻轻地往上吹哦。

(分析:运用吹泡泡的方法,尝试吹出树叶中的泡泡。)

活动小结

1. 思考为什么有的树叶泡泡机没有成功吹泡泡。
2. 除了树叶,还有什么材料可以用来制作简易泡泡机呢?

视角6:运动也可以像旅行一样

好动是幼儿的天性,在幼儿发展的早期,户外环境当中的阳光、微风是他们感受世界、探索世界的最好的伙伴,也是他们强壮身体的必经之路。《3—6岁儿童学习与发展指南》中也指出:发育良好的身体,愉快的情绪,强健的体质,协调的动作,良好的生活习惯和基本生活能力是幼儿身心健康的重要标志,也是其他领域学习和发展的基础。

组织一次增强体能、磨炼意志的运动课程,既要考虑安全问题,也要考虑活动意义,更重要的是要能调动幼儿的积极性,让他们乐于参与。如果教师只是告诉幼儿,今天要练习腿部肌肉,所以今天我们要蛙跳,或者进行50米折返跑,那幼儿们一定会有抵触或者畏难的情绪;但如果教师说,今天我们要来一次"旅行",那么幼儿就会摩拳擦掌、迫不及待了。

让幼儿置身于特定的情境之中,由内而外地调动起他们的兴趣,使之参与活

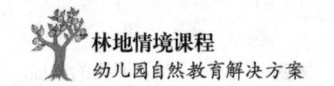

动变得更加积极、主动。通过一种轻松、愉悦的方式，让幼儿在不知不觉中自主探索动作，进行走、跑、跳、爬等动作的练习。随着幼儿的不断尝试，他们的思维变得活跃起来，体验也更加丰富。一堂林地课程既是运动，也是探索和旅行。

案例6：林地课程"小动物去旅行"

活动背景

幼儿园小班的小朋友由于体能有限，因此常常对大运动类的活动有所胆怯。然而，户外运动对于幼儿的健康成长又是必不可少的。针对小班幼儿的年龄特点，设计一款活泼、新颖的情境游戏就可以大大激发幼儿的活动兴趣。因此，教师以"小动物去旅行"为主题，根据不同动物的动作特点，让幼儿扮演不同的动物，进而使他们在不知不觉中参与到运动游戏中来，既愉悦了身心，又达到了锻炼的目的。

活动目标

1. 通过爬、跳等动作的练习，发展幼儿的运动协调性和肢体灵活性。
2. 让幼儿感知不同材料的不同质感。
3. 让幼儿了解部分旅行安全知识。

活动准备

1. 寻找林地里有草地和沙地的区域。
2. 准备几块泡沫地垫。

活动过程

一、创设情境

师：今天我们这里来了两位好朋友——小乌龟和小兔子，它们想要一起去旅行，你们想不想去啊？

幼：想！

师：太好了！那么小朋友们知不知道小乌龟和小兔子是怎么走路的呢？

请小朋友们模仿小乌龟和小兔子走路。

二、布置场景，介绍规则

1. 为了防止爬行中小朋友的手被踩到，先让幼儿换上软底鞋袜。

2. 两人一组，一人扮演小兔子，一人扮演小乌龟。

3. 介绍规则：先过草地，然后过地垫，最后过沙地。地垫是"悬崖"，不能掉到外面去，也不能停留在地垫上，要一个跟着一个向前走，否则会被后面的"游客"踩到。

三、旅行开始

1. 跟着音乐向前爬或跳，当音乐快的时候幼儿向前的速度也要快，音乐慢的时候幼儿也要慢下来。

2. 让幼儿依次通过老师布置的场景：土地、草地、地垫、沙地。

3. 让每组幼儿交换角色，分别练习爬和跳的动作。

四、队伍集合，分享感受

1. 教师带领幼儿一起坐下来拍一拍双腿，揉一揉小脚丫，放松一下。

2. 请幼儿说一说当触摸到不同的地面时有什么不同的感受。

3. 请幼儿说一说爬和跳有什么不一样的感受，又分别有哪些乐趣。

活动小结

1. 整个过程中，给幼儿营造一个宽松的氛围，教师只充当支持者、合作者、引导者。因此，幼儿完全沉浸在"旅行"中，而忘记了锻炼的辛苦。

2. 鼓励幼儿扮演不同的小动物，并模仿它们的动作去"旅行"。

3. 每一个幼儿都认真地完成了"旅行"，都应给予表扬。

视角7：看见孩子，读懂孩子

德国哲学家戈特弗里德·威廉·莱布尼茨说："世界上没有两片完全相同的叶子。"同样的，世界上也不会有两个完全相同的孩子，每个孩子都是一个独特

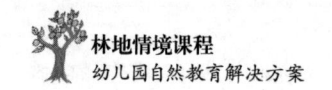

的生命个体。他们就像夜空里的星星，只要我们仔细地观察，他们都会发出属于自己独特的光芒。

"看见孩子"是了解幼儿的前提和基础，也是教育幼儿的重要依据。每一个幼儿都应该被看见，幼儿的每一面都应该被看见，这是对教师观察幼儿的要求。现实教学中，那些特别优秀或者调皮的幼儿往往更容易被教师看见，而那些安静、乖巧的幼儿则可能被忽视。因为他们既不突出也不需要老师特别操心，因此往往就很容易被教师忽视了。所以，教师们常被提醒"不遗漏任何一个孩子"。

但从"看见"到"看懂"还需要教师们继续修炼。因为"看懂"是在"看见"的基础上更深层地、科学地分析幼儿的行为，并以此对不同的幼儿给予不同的引导。所以，观察之后的分析和支持才是重点。

比如在区域游戏中，除了要看到幼儿们在玩什么、他们的角色和玩具如何分配，还要进一步看懂每个幼儿的语言表达、对游戏和扮演角色的喜爱与理解程度，以及他们在合作过程中的表现、专注力怎样，幼儿在这个区域玩了多久离开，为什么离开，离开之后又去了哪个区域等。幼儿的任何表现都是他们内心某种想法的外在表现，但作为教师还不能仅仅停留在这里。中二班一个小朋友，在区域活动中总是这里玩一会儿，那里玩一会儿，每个区域基本都停留不到三分钟。起初我们以为是幼儿的专注力不够，但后来通过和他交流，才发现并不是他不想玩那些玩具，而是他很想成为"雷锋"，所以一直到处"查看"，想要找到需要帮助的小朋友。

所以，只有在有目的、有步骤的观察基础上，获得大量具体、真实的信息，才能对幼儿做出正确的理解和评价，才能帮助和引导幼儿的发展。

案例7：林地课程"你好啊，我自己"

活动背景

随着年龄的增长，幼儿园大班的小朋友比之前成长了很多，同时也有了很多小心思，他们有时候会由于种种原因不肯说出自己的心事，选择一个人默默承担。然而，对于他们幼小的心灵来说这是多么沉重的负担啊。因此，教师们设计了这个教学活动，让幼儿面对镜子，说出自己看到的自己，包括身体各个部位以及衣着发饰，同时还可以自己对自己说些心里话，可以表扬自己、批评自己……总之，所有的话都可以对着镜子说出来。教师则在一旁稍远一点的地方，耐心倾听，认真记录，这样既有趣又可以锻炼幼儿的表达能力，还可以增进教师对幼儿的了解。

活动目标

1. 发展幼儿的语言表达能力。

2. 鼓励幼儿对自己信任的人说出自己的心事。

3. 教师通过幼儿的语言了解孩子是否需要帮助，以及通过观察进一步了解幼儿的性格。

4. 通过"画自己"锻炼幼儿的观察能力、绘画能力以及创作能力。

活动准备

两三面大一点的镜子（可以让幼儿看见全身，数量根据幼儿人数确定）、水彩笔、美术纸等。

活动过程

一、创设情境，介绍内容

师：小朋友们，你们每个人都具有非常棒的观察力，想一想是不是每天来到幼儿园大家就会注意到老师手里拿了什么、其他小朋友穿了什么漂亮的衣服？

幼："是！"

"老师，萌萌今天穿了粉色的裙子！"

"老师，你把一张卡片放在了魔法袋里。"

师：大家观察都很仔细，可是小朋友们有没有认真地观察过自己呢？今天啊，我们就来看一看我们自己，并且对自己说出任何想要说的话，可以大胆地表扬自

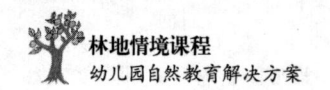

己,也可以勇敢地批评自己,还可以给自己提出建议,或者立一个小目标……

二、从简单开始

为了避免幼儿不敢一下子说出心里话,教师先从衣着外貌开始引导,让幼儿们轮流走到镜子前,观察自己的衣着外貌,进行描述。可以先对着镜子里的自己打个招呼:你好啊!然后请幼儿描述自己的穿戴,以及为什么选择这件衣服等。

三、体验加深

有了刚才的预热,幼儿们逐渐放开,不再拘谨,教师接着引导幼儿说出一些"小秘密",或者对自己的评价等。比如:我感觉自己今天很棒,早晨吃掉了妈妈准备的所有的早餐;今天我外婆要来我家,我想早一点放学回家;我昨天有些不开心,因为露露说我唱歌不好听;等等。

四、画自己

让幼儿按照在镜子中观察到的自己的样子画出自己。

五、课堂分享

让幼儿自由讨论,说一说在这个过程中自己的心情是怎样的。

(对于每个幼儿的话语、动作、表情,教师都要仔细观察和倾听,并认真记录。)

活动小结

1. 首先表扬幼儿们能够大胆地表达自己。

2. 教师反思:幼儿在活动的第一阶段对着镜子龇牙咧嘴,哈哈大笑,扮鬼脸,心情十分愉悦;在活动第二阶段对自己说心里话时,可能会触及幼儿生活中的某些不快,因此部分幼儿会有不愉快的表现,教师需重点关注。

CHAPTER 5

第五章

林地情境课程实操案例

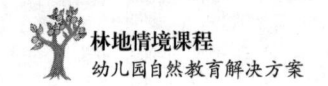

对五星幼儿园的幼儿们来说，没有什么比去林地玩耍更让他们高兴的了。在林地情境课程实践当中，什么有趣的事情都可能发生——也许你正要开口唱歌，却被一只小鸟抢了先；也许不小心溅起的泥巴在你身上开成了一朵花；也许有一朵小花会向你点头，有一棵小树在偷偷长高……在多年的课程实践中，五星幼儿园的教师用镜头和笔记录了一个个鲜活的课程故事。每个故事都是一个主题，每个主题下又聚合了不同的课程活动，它们共同支撑着幼儿对课程对象的全面认知和理解。

故事一　倏忽秋又尽　今朝恰立冬

倏忽秋又尽，今朝恰立冬。
立，建始也；
冬，终也，万物收藏也。
春生夏长，秋收冬藏。
作别深秋的温婉与古韵，迎接冬日的肃穆与寂静。
万物之"藏"，从立冬之日开始了。

课程缘起

小崔：今天早上你的好朋友安安怎么还没有来呀？

桐桐：不知道哎，可能是因为今天太冷了吧！

乐乐：是的呢，今天早上太冷了，我都不想起床离开我的被窝了！今天的气温感觉和冬天一样！

天天：早上妈妈送我来，我发现小区花坛里种了几棵梅花树。

点点：你们都忘了吗？老师之前说了今年的11月8日就是立冬了！

幼儿们在对话中，对立冬这个节气产生了浓厚的兴趣，立冬到底是什么呢？天气变冷该怎么办呢？为了解答幼儿们对立冬的疑问，消除幼儿们对寒冷的畏惧，让幼儿们了解中华民族传统文化与习俗，我们大六班开启了一场立冬之旅，一起来看看吧！

活动1　立冬大调查

《幼儿园教育指导纲要（试行）》指出："幼儿园应为幼儿提供健康、丰富的生活和活动环境，满足他们多方面发展的需要，使他们在快乐的童年生活中获得有益于身心发展的经验。"因此，五星幼儿园根据幼儿的兴趣点，开展了此次立冬活动。教师通过调查表、画保暖工具和分享的形式鼓励幼儿积极参与到活动中来，幼儿们不仅对节气有了初步的了解，也习得了一些御寒保暖的知识。那么在日常生活中，还有哪些地方透露着"立冬"来了呢？教师可做如下引导。

1. 立冬是什么呢？关于立冬我国有哪些传统文化和习俗呢？小朋友们利用和爸爸妈妈的亲子时光了解了这么多（见图5-1）。

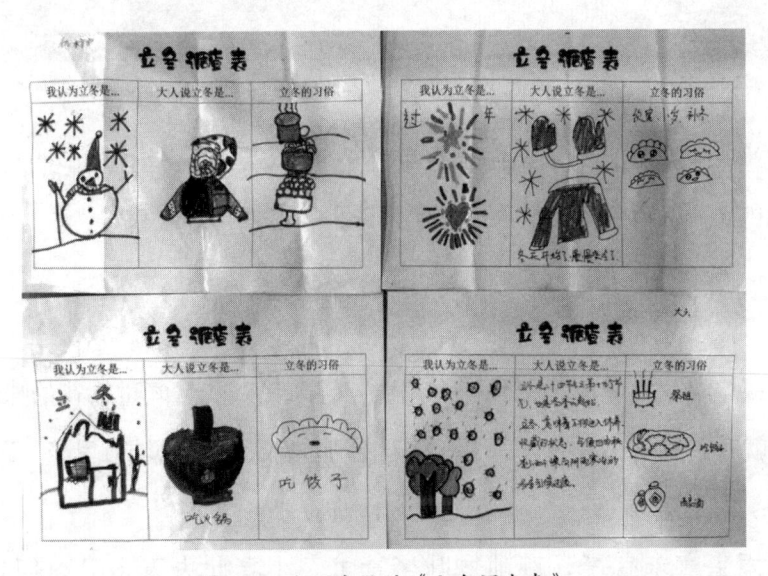

图5-1　小朋友做的《立冬调查表》

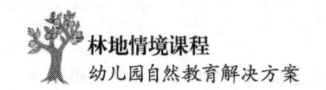

看，小朋友们的《立冬调查表》做得有模有样呢！

2. 随着天气变冷，生活中有哪些可以御寒保暖的好办法（见图5-2）？小朋友们开动脑筋想一想，动动小手画一画。

图5-2 小朋友们御寒保暖的办法真多啊

3. 原来关于立冬，小朋友们已经知道了这么多。除了这些，小朋友们还知道哪些饮食和穿衣小妙招呢？请小朋友们张开小嘴巴分享给大家。

活动2　巧手缀梅花

天天：上次我发现小区里种了梅花树，因为我以前就闻过梅花的味道，可香了。妈妈就教了我一句古诗——"忽然一夜清香发，散作乾坤万里春。"

六六：好优美的古诗呀，我都想画一画梅花了。

"细雨生寒未有霜，庭前木叶半青黄。小春此去无多日，何处梅花一绽香。"

随着天气变冷，百花凋零。气温骤降的时候，只有梅花吐露芬芳，迎雪绽放。于是，教师引导幼儿们去感受梅花、欣赏梅花，并为幼儿提供表现的机会和条件，鼓励他们大胆地表现美、创造美，使用不同的形式展现梅花的美，让梅花成为幼儿生命中美好品格的一种象征。

1. 教师带领幼儿实地观赏梅花，或者以图片、大屏幕形式让幼儿认识梅花，并通过幼儿自己的理解将梅花画出来，每一幅梅花图都展示着不一样的美。下面这几张"梅花图"是不是都很不错啊（见图5-3）！

图5-3 梅花图

2. 除了用绘画来表现梅花，还可以让幼儿用黏土来制作梅花（见图5-4），下面图中的作品也是栩栩如生呢。

图5-4 黏土梅花

活动3 食趣在立冬

皮蛋：爸爸说宋代有个诗人叫杨万里，冬天梅花开了，他会摘梅花蘸白糖吃。

小晨：哇，立冬还有什么好吃的呢？

笑笑：我知道，饺子！

小七：我最喜欢吃饺子了！好想再吃一次。

《幼儿园教育指导纲要（试行）》提到，幼儿园开展的活动既要符合幼儿的现实需要，又要有利于幼儿的长远发展。贴近幼儿的生活，选择他们感兴趣的事物或问题，有利于拓展幼儿的经验和视野。包饺子活动能让幼儿了解饺子的制作过程，贴近幼儿的生活，拓展了幼儿的生活经验。

为了让幼儿传承中华民族的传统习俗，培养其动手能力，激发其探索新知的欲望，教师鼓励幼儿们包饺子。恰逢立冬，鲜美的饺子正在准备中。快瞧，我们的小厨神们,都迫不及待各显神通了(见图5-5)!

图5-5 自己包的饺子一定格外好吃

活动4 为树着新衣

优优:我想给大树伯伯穿上暖和的"衣服"。

轩轩:大树伯伯别怕冷,我们来保护您。

北风潜入悄无声,未品秋浓已立冬。立冬开始,代表冬天来临,万物收藏,躲避寒冷。小动物们开始冬眠啦,树妈妈也穿上了稻草棉袄,爸爸妈妈也给我们准备好了毛衣、羽绒服等。人们还为大自然的其他动植物做了哪些准备呢?冷风吹过,大树伯伯都开始发抖,掉下叶子了。小朋友们担心大树伯伯太冷,想要给它们穿上暖和的冬衣。这真是一个好主意!通过实践体验,幼儿可以了解对大树

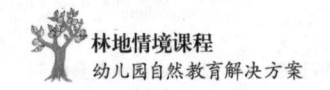

进行简单保暖的方法，还可以培养幼儿爱护树木、保护环境的意识。

每年冬季，园里都会用草帘等给树木做保暖。但考虑到草帘可能会对幼儿娇嫩的皮肤造成划伤，于是教师为幼儿准备了粗粗的冰岛线，让他们亲手给大树穿上"棉衣"进行保暖。

一群可爱的孩子用冰岛线给园内的大树穿上了新衣，并悄悄告诉大树："冬天来了，这样不会冷哟（见图5-6）！"

图5-6 给大树穿上衣服它就不冷了

活动5 悦动好时光

优优：今天真冷啊，我都不敢出去了。

小七：没事的，到外边一跑就不冷了，使劲跑还出汗呢。

随着天气越来越凉，幼儿们的小手小脸也时常是凉凉的。正确、适量的锻炼能增强体质，提高身体抵抗力。幼儿们在冬日运动，跑跑跳跳，用健康的体魄迎接冬天的到来！

1. 温暖陪伴，妙趣横生。虽然天气寒冷，但也要让幼儿们有一定时间的户外运动，多功能组合梯架的攀爬（见图5-7）、跳跃就是给幼儿制造温暖的好办法之一。

图5-7　看这可爱的小表情，一定是爱极了攀爬

2.滚筒运动（见图5-8），暖身健体。滚筒对于幼儿的身体协调能力具有很好的锻炼作用，不一会儿，幼儿们的小脸就红扑扑的了。

图5-8　有趣又刺激的滚筒运动

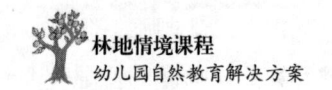

课程感悟

寒风起,万物藏,又是一季立冬至。教师抓住立冬节气的教育契机,不仅让幼儿们了解立冬节气的知识与意义,还使幼儿们在愉快的实践中体验立冬,感悟中华优秀传统文化,让幼儿们的生活经验和知识经验更加丰富多彩。进入冬天,大家一起做好迎接冬天的准备吧!

故事二　遇见劳动,遇见美好

茅檐低小,溪上青青草。
醉里吴音相媚好,白发谁家翁媪?
大儿锄豆溪东,中儿正织鸡笼。
最喜小儿亡赖,溪头卧剥莲蓬。

这是南宋词人辛弃疾写的一首词《清平乐·村居》,这首词描绘了农村一个五口之家劳动的、生活的画面,惟妙惟肖,活灵活现,处处显示着劳动的快乐和祥和。在五星幼儿园里,劳动也是无处不在的,从小班的自理能力培养到大班的为集体服务,无不渗透着劳动教育。

课程缘起

劳动教育是素质教育的重要组成部分,是实现教育立德树人根本任务的重要基石。随着生活条件的改善和家庭结构的变化,越来越多的幼儿在父母等长辈的精心呵护下成长,他们饭来张口、衣来伸手的现象较为普遍,缺乏基本的自理能力和劳动意识。《3—6岁儿童学习与发展指南》提出:"经常给幼儿分配一些力所能及的任务,要求他完成并及时给予表扬,培养他的责任感和认真负责的态度。"

进入大班以来，随着大班幼儿自我意识和社会认知能力的不断发展，常常能听到他们说"老师我会做""让我来""我帮你"。他们总是积极、主动地想要当小老师，乐于帮忙收拾、整理东西。为了满足大多数幼儿的这种愿望，增强幼儿为集体服务的意识，以及让幼儿养成一个良好的生活习惯，知道劳动的不易，于是我们就生成了本次有关劳动的主题课程——"遇见劳动，遇见美好"（见图5-9），在生活中寻找教育契机，为幼儿们提供锻炼的机会。

图5-9 积极参与拔草的幼儿们

活动1 认识劳动

关于"劳动"的意思，幼儿们展开了讨论：

"什么是劳动呢？"

"我知道！农民伯伯他们种粮食就是劳动。"

"环卫工爷爷奶奶也是劳动，他们每天都在扫马路。"

"我觉得动起来就是劳动，躺着的人就没有劳动。"

"老师，劳动到底是什么意思呀？"

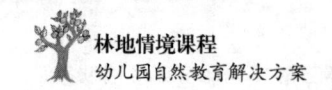

"劳动就是自己的事情自己做,就是用自己的力量去做能做的事,在上班的叔叔阿姨、种地的农民伯伯……他们做的工作都是劳动。"

"那我自己洗小袜子是不是劳动呀?"

"当然是,而且老师要给你点一个大大的赞。小朋友也可以做很多的劳动,比如帮助老师把小椅子摆正,为小朋友分水果,清理地面上的垃圾,还有春天去植树,都是你们的劳动呢。"

"哇,我们可以做的劳动可真多!"

活动2 发现身边的劳动者

为了让幼儿们对劳动有更具体的认识,教师带领幼儿们一起走出教室,在园所里让幼儿们自己寻找劳动者。

1. "食堂阿姨们在包饺子!"

"那我们今天的午饭一定吃饺子。"

"好耶,我最喜欢吃饺子了!"

"阿姨在劳动,阿姨是劳动者!"

"对,那个阿姨也是劳动者!"

幼儿们发现了正在劳动的阿姨们。她们正在为幼儿今天的午饭忙碌着,午饭的饺子都是她们上午现包的。

2. "张叔叔在干什么呀?为什么把我们的轮胎挪走了?"

"我还要玩儿呢。"

"张叔叔在帮我们把玩具摆放整齐,这样小朋友们在玩耍时就更安全了。"老师赶紧解释。

"张叔叔的衣服都有点湿了,他是不是很累呀?"

"那张叔叔也是劳动者吧?"

"我也觉得张叔叔是劳动者!"

张叔叔一边听着幼儿们在身边讨论自己是不是劳动者,是不是非常累,一边细心地整理着那些玩具,然后开心地说:"谢谢你们啊,看见你们一天一天地长高,张叔叔就一点也不累了。"

3. "看,小燕老师,也在整修林地里的大树枝呢!"

"她担心上课的小朋友受伤!"

"小燕老师真好。"

"现在小燕老师也是劳动者!"

"可是,小燕老师在照顾我们午休时还是不是劳动者呢?"

幼儿们竟然提出了问题,他们自行讨论,有的说是,有的说不是,有意思极了。

4. "看,是保安叔叔!"

"他正在门口工作呢。"

"保安叔叔在门口要保护所有的小朋友,不让坏人进来!"

幼儿们又发现了在门口站岗的保安叔叔,他在护送中午回家的小朋友,确保他们安全地被家长接走。

5. "老师,我可以说说我想到的劳动者吗?我觉得我的爸爸是劳动者,他每天都要工作。"

"我的奶奶是劳动者,她每天都要做饭给我们吃。"

"我的奶奶也是劳动者!她在家除了做家务,还要给植物浇水。"

"我的妈妈是劳动者,扫地、拖地、洗衣服、擦桌子……很多活儿都是妈妈做的。"

善于观察和思考的幼儿们不光在幼儿园里发现了劳动者,还想到了在家里的劳动者,真是了不起!

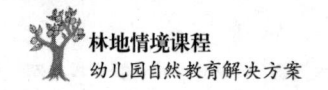

活动3　职业延伸

在我们身边有许许多多的劳动者，他们都有着各种各样的职业。大家虽然分工不同，但共同维持着社会的运转，也让我们的世界变得越来越美好。幼儿们对不同的职业都很感兴趣，那就一起来认识一下吧！

在讨论到爸爸妈妈的职业时，教师发现有的幼儿对于爸爸妈妈从事什么职业还不清楚，大部分幼儿也只能说出"我的爸爸妈妈是在电脑前工作的""我爸爸的工作是出差""我爸爸的工作是用电脑画图"，但幼儿们并不了解这些具体是什么职业。

当然，关于职业还有一个话题是幼儿们很感兴趣的，那就是"长大以后的职业"。于是，五星幼儿园就来了一次"职业大调查"，每个幼儿回家后都认真完成了调查表。

了解完了那么多职业后，教师根据幼儿们的想法选出了他们最感兴趣的一些职业，开展了一次"职业体验"活动。

幼儿们对劳动有了更清晰的认知后，就在身边寻找起了有关"劳动"的一切，而平时待得最多的幼儿园和家里就是他们最天然的观察场所。他们发现了劳动中的老师、阿姨、保安、爸爸、妈妈、爷爷、奶奶……通过观察和讨论了解到了他们每天劳动的辛苦。

幼儿们通过"职业延伸"活动，认识了许多常见的职业，包括它们的工作场所、使用的工具、工作的内容等，逐渐理解到不同的社会角色在生活中同样重要。通过职业调查，幼儿们对爸爸妈妈所从事的工作更加了解，教师也了解到了幼儿长大后的职业意向。根据幼儿们的兴趣，五星幼儿园还举行了职业体验活动，培养他们的动手能力、思考能力、沟通能力、团队协作能力等，帮助幼儿在玩乐中培养职业理想，规划自己的未来。

活动4 劳动最光荣

1. 我是值日生。班级里每天的劳动必不可少,而培养幼儿的任务意识是大班幼小衔接课程中最为重要的一项内容。大班是培养幼儿任务意识的关键期,教师应建立提升幼儿任务意识的平台,激发幼儿进行自我管理、服务同伴的愿望。于是教师结合"劳动"主题设立了每组的值日生(见图5-10),半个月换一次,让每个幼儿都有锻炼的机会。

"值日生"制度大大提升了幼儿们劳动的积极性。现在班级里的值日生不光在饭后劳动,他们还会分发小组的本子、画笔、材料等,幼儿们的动手能力越来越强,也变得越来越有责任心。

图5-10 收餐盘是值日生每天都要做的事

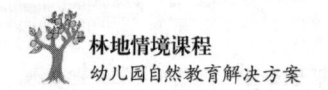

2. 幼儿园里的劳动。作为"五星幼儿园"的每一颗"星星",幼儿园的环境也需要"值日生"来守护。大家发现幼儿园很多地方都被弄乱了,没有人整理,于是决定一起去整理一下(见图5-11)。

看,一个小树枝被风吹得掉下来了,大家把它捡起来,放到安全的地方;幼儿园小操场的角落不知道什么时候刮来了一片纸屑,大家把它扔到垃圾桶……没多会儿,林地和户外活动的地方都被收拾得整整齐齐呢!

图5-11 捡拾操场上的小树棍也是劳动项目之一

3. 劳动小能手。幼儿们在幼儿园是能干的值日生,在家里也是"劳动小能手",是爸爸妈妈的好帮手。教师鼓励幼儿们回到家后帮助爸爸妈妈或者爷爷奶奶做一些力所能及的家务,成为家里的劳动小能手。幼儿们都迫不及待地想要一显身手,有的帮助家人扫地,有的帮忙包饺子,有的帮助收拾碗筷,还有的帮助自己的小妹妹读绘本……

第二天在班级讨论中,大家都是自信满满,为自己帮助家人干活感到十分自豪。

考虑到循序渐进原则,教师让幼儿们先从教室做起,从"值日生"做起,把身边的环境收拾干净，培养初步的责任意识。在劳动中，幼儿们的自尊心也能得到满足，对自己的能力也产生了认同。他们感觉到自己不光是班级的一分子，更是幼儿园的一分子，幼儿园的环境也是每个人都需要爱护的，这样既提高了他们的合作能力，还培养了他们的集体荣誉感。

当然，对幼儿的教育并不只是在幼儿园里就能完成的，幼儿园里的劳动教育以及教给幼儿的内容是否能被长期坚持，家庭中的同步教育是必不可少的。因此，教师认真与家长沟通，让幼儿在家里也要多参与劳动，这样既有利于拉近亲子距离，又能让幼儿体会到父母的努力与辛苦，唤醒他们内心深处作为家庭成员的使命感，进而促成劳动习惯的养成。

活动5　说说"我"的想法

幼儿们看到了别人的劳动，也经历了自己劳动，幼小的心灵就有了许多自己的劳动感想：

1. 劳动完后感觉很开心，通过我的努力房间变得很整洁，爸爸妈妈还表扬我了。

2. 劳动完后觉得很累，手还有点酸。

3. 劳动完后特别热，头上、身上全是汗，想要赶紧坐下来吹吹风。

4. 劳动好辛苦啊，我们要珍惜别人的劳动成果。

5. 我觉得我自己特别厉害，你们看，我今天穿的袜子就是我自己洗的。

……

回顾环节是所有活动和游戏的最后一个环节，也是支持幼儿开展下一次活动的重要起始环节。

因此，在最后，幼儿们通过自己思考、小组交流、倾听记录、集体交流的方式，大胆地把劳动后的感想分享出来，提高了他们的语言组织和表达能力。同时他们也在苦与累中了解到了劳动的不易，学会了理解、尊重和珍惜他人的劳动成

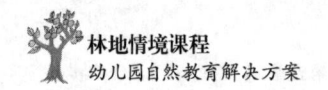

果，提高了共情能力。

课程反思

虞永平教授指出："幼儿的劳动主要是幼儿通过身体或体力活动，达到服务自己和他人的目的，本质上是幼儿主动与周围世界相互作用的过程。"

劳动教育与学校教育、家庭教育、社会教育都紧密相连，单一的学校劳动教育不能完全确保幼儿劳动素质的全面提高。幼儿们在"遇见劳动，遇见美好"主题活动中对劳动有了更深刻的认识，他们观察和寻找身边的劳动者，认识和模仿不同的职业，自己亲身在幼儿园和家里劳动，体验到了劳动的苦与乐，增强了责任感和集体荣誉感，懂得了要珍惜每一个劳动成果。

总而言之，劳动教育既是幼儿今后生活的需要，也是幼儿未来生存的需要，更是让幼儿生命更好发展的需要。养成热爱劳动的好习惯，对幼儿的健康成长意义重大，五星幼儿园也会对幼儿进行持续关注和引导，帮助幼儿打下良好的成长基础。

故事三　大七班的重阳节

独在异乡为异客，

每逢佳节倍思亲。

遥知兄弟登高处，

遍插茱萸少一人。

唐代大诗人王维的《九月九日忆山东兄弟》是班里的小朋友都能背诵的一首古诗，说的就是重阳节。

课程缘起

国庆假期结束后,迎来了一个让大七班的幼儿们感到"特别"的节日——重阳节。幼儿们将如何来表达自己对长辈的尊敬和爱呢?让我们伴着秋风菊香,和他们一起行走在最美重阳里,一起邂逅那难忘的时刻吧!

活动1 话·重阳

幼儿们眼中的重阳节是什么样子的呢(见图5-12)?

重阳节是每年的农历九月初九。

重阳节听妈妈说是"登高节",要登山哟!

重阳节又叫"菊花节",每到这个时候菊花就会开放。

重阳节是爷爷奶奶的节日。

那是不是外公外婆的节日呢?

是,是老人的节日,重阳节也叫老人节呀!

重阳节为什么叫老人节呢?

图5-12 "话·重阳"环节积极发言的小朋友

问题一提出,幼儿们互相对视,他们的眼神告诉老师,他们不知道,但是又

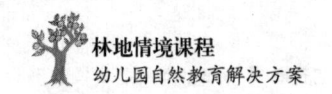

非常渴望知道。让大家一起来看一段视频，或许会找到答案。

由于九月初九"九九"谐音是"久久"，有长久之意，所以常在此日祭祖与推行敬老活动。重阳节与除夕、清明节、中元节是中国传统节日里祭祖的四大节日。只是近年来，出于人们对老人的尊重，故此节日又被称为老人节。

利用传统节日向幼儿介绍我国的传统文化是一个特别有效的方式，在幼儿已经对节日有所了解的基础上，帮助他们感知文化的多样性和差异性，就可以让幼儿对我国的传统文化有更深的理解。幼儿们对重阳节已经有了浅显的了解之后，教师再在此基础上予以拓展、延伸。

活动2　关于"老可爱"的小调查

爷爷奶奶、外公外婆总是把我们放在第一位，对我们喜欢的东西、爱吃的食物都记得一清二楚，那么我们对家里的老人又了解多少呢？以重阳节为契机，是时候让幼儿们对家里的老人多了解一些、多关爱一些了。

幼儿们都争先恐后地说着家中老人的喜好——

爷爷奶奶喜欢喝粥，吃素食。

爷爷喜欢跑步，奶奶和外婆喜欢看电视。

爷爷喜欢吃鱼，奶奶最爱看电视，听广播。

奶奶爱吃哈密瓜，最喜欢运动；外公外婆最喜欢唱歌。

姥姥喜欢听京剧，但是姥爷不爱看……

幼儿们在长辈们的配合下以及爸爸妈妈的帮助下，合作完成了关于老人的小采访（见图5-13），其汇总成果被布置在了我们的主题墙上。

《3—6岁儿童学习与发展指南》中指出，"成人应引导幼儿尊重、关心长辈和身边的人，尊重他人劳动及成果"。爷爷奶奶、外公外婆是在孙辈身后默默付出的人，教师要引导幼儿了解他们的信息和爱好，两代人双向奔赴。

图5-13 幼儿们的调查十分认真，对家中的老人了解更多了

活动3　知·习俗

1. 登·高山

重阳节有很多习俗，如饮菊花酒、赏菊、吃重阳糕、登高、佩茱萸等，大七班的幼儿对其中大部分的习俗都有认识，但是，登高的机会对幼儿们来说似乎并不多，于是五星幼儿园利用假期开展了一次登高行（见图5-14）……

虽然过程很辛苦，但是幼儿们坚持下来了，家长们也很有感触，说通过这次登高，孩子不仅牢牢地记住了重阳节的这一习俗，而且锻炼了身体，磨炼了意志力，

图5-14 有了家长的积极参与，幼儿们的收获会更多

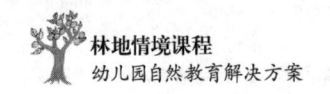

真是太有收获了。

2.DIY 重阳糕

很多地方重阳节都有吃重阳糕的习俗，幼儿们亲手制作黏土重阳糕（见图5-15）送给爷爷奶奶、外公外婆，表达对他们无限的爱与感恩。

图5-15　爷爷奶奶和外公外婆收到幼儿们亲手制作的重阳糕一定乐开了花儿

通过登高、制作重阳糕活动，幼儿们直接感知、亲身体验、实际操作，更加直观地感受重阳节的传统习俗，提升了兴趣，加深了他们对重阳节的印象和感悟。

活动4　懂·感恩

您陪我长大，我陪您到老。让幼儿们实实在在地为家里的老人做点什么，才能更好地拉近幼儿与家人的关系，也最能表达他们的感恩之心。为此，教师请每一位幼儿绘制一张"我想为你做件事"的卡片（见图5-16），每当他们为家人做一件事，就可以将其画在上面，攒够一定数量就可以得到相应的奖励，幼儿们可积极呢。

图5-16 自己制作的卡片

关于小家伙们的"服务",爷爷奶奶有什么想说的呢?

辉辉奶奶:以前都没有机会让我们的孩子给老人洗脚(见图5-17),现在的幼儿园都能教孩子孝顺,以后这一代孩子肯定会更孝顺。

萱萱外婆:感觉我的孙女突然间长大了。

兰兰爷爷:很开心,宝贝孙女会给我捶背了。

果果奶奶:很感动孙女在重阳节送来祝福,听到她说过节要来陪我,我很开心。

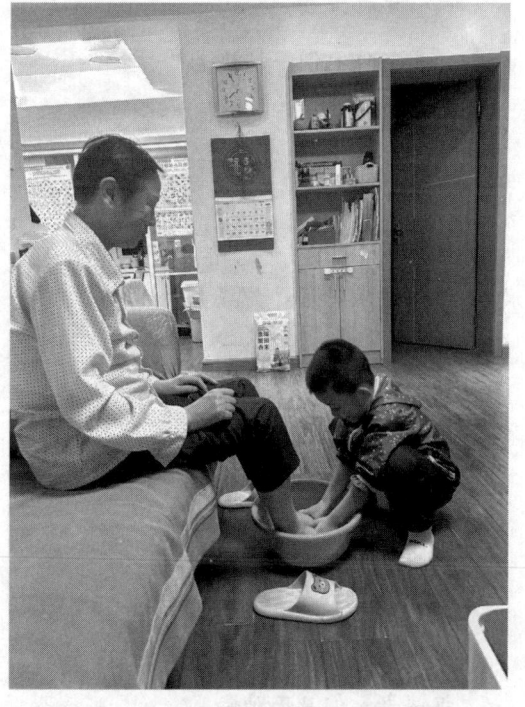

图5-17 用实际行动对奶奶表达爱意

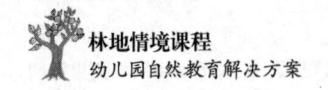

课程感悟

他们是我们生命中最重要的人，他们头发渐白，行动渐慢，却能小心照料我们的生活。他们总爱讲很久很久之前的故事，每次都会在团聚时默默准备饭菜。他们就是爷爷、奶奶、外公、外婆……

而尊老、敬老、爱老历来是我们中华民族的传统美德，在重阳节来临之际，为了让幼儿们体验与老人间的浓浓亲情，激发孩子主动关爱老人的情感，并用实际行动表达自己对老人的爱，基于大班幼儿的年龄特点，五星幼儿园开展了"邂逅重阳，爱在童心"的班本课程活动，幼儿带着对祖辈的爱意和敬意，用自己喜欢的方式诉说着对爷爷奶奶（外公外婆）的"爱的故事"。

佳节思念，不如久久陪伴。
愿时光再慢些，
让我们陪他们一起变老！
小时候总希望时间快走，
自己快点长大。
现在只希望时间慢慢行，
他们慢点变老。
外面的世界再大，
也别忘了家里的爷爷奶奶、外公外婆。
最深的爱，
总是风雨兼程。
最浓的情，
总是冷暖与共。
祝福老人们身康神愉，
重阳节快乐！

故事四　嘘，一个橘子有话说

《3—6岁儿童学习与发展指南》指出："教育活动内容的选择既要适合幼儿的现有水平，又有一定的挑战性；既符合幼儿现实需要，又有利于其长远发展；既贴近幼儿的生活，选择幼儿感兴趣的事物和问题，又有利于拓展幼儿的经验和视野。"

这不，平日里常见的橘子成了幼儿们关注的焦点，引起了他们强烈的好奇心。

课程缘起

起床啦！幼儿们看见阿姨在准备橘子。

狄狄：哇！今天吃的是橘子。

橙子：我最喜欢吃橘子了。

欣欣：我不喜欢吃橘子。

可可：老师说橘子很有营养的。

幼儿的讨论声阵阵传来……

在幼儿们的讨论声中，我们开始了深入的探橘之旅……

其实，橘子是幼儿日常生活中十分常见的水果，但是既然幼儿们如此关注橘子，且有很多不同的说法，幼儿园就应该充分挖掘其背后隐含的教育价值，助力幼儿进行更深层次的探究活动。

活动1　初识橘子

首先，班级就探究"橘子"展开了一次大讨论，幼儿们七嘴八舌地说着，教师一边观察、倾听，捕捉幼儿们的经验，一边记录、小结，形成了幼儿们的问题

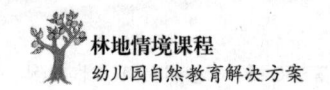

清单，想不到他们的小脑瓜里竟然对普普通通的橘子有这么多问号。

幼儿们的问题清单：

1. 橘子是长在哪里的？

2. 橘子都是橘色的吗？

3. 橘子可以吃很多吗？

4. 橘子是酸酸的还是甜甜的？

5. 橘子是不是能做成别的东西？

6. 橘子上面白白的是什么？

7. 橘子皮还能做什么吗？

于是，围绕幼儿们的问题，大家开始了一场关于"橘子"的探索。

活动2　橘子调查

幼儿们利用周末在家的时间和爸爸妈妈一起讨论并查找资料，对橘子有了很多了解（见图5-18）。因此，在课堂上每个人都积极踊跃地发言，说着他们对橘子的认识，比如橘子有丰富的品种，每种橘子的形状、大小都不一样，橘子可以用来制作多种多样的美食和饮料，比如橘子糖、橘子罐头、橘子果冻、橘子汁等。

从幼儿关于橘子的讨论中可以看出，幼儿们对橘子非常感兴趣，但是对于橘子的了解并不全面。因此，教师们抓住教育契机，给予孩子们探索的机会，并提供相应的支持，加深他们对橘子的了解。

图5-18 小小的调查表让幼儿们可以更全面地了解橘子的知识

活动3 探索橘子

1. 摸一摸，数一数。在科学活动中，教师通过谈话的形式导入，再配合对实物的感知，激发幼儿们的探究兴趣。幼儿们在讨论、感知中初步了解了橘子的特征。

"橘子摸上去滑滑的、凉凉的。"

"橘子黄黄的和绿绿的，圆圆的。"

原来，橘子宝宝是圆圆的，摸上去滑滑的、凉凉的，有的是绿绿的，还有的是黄黄的（见图5-19）。

剥开橘皮看一看，数一数。

"我的橘子有十一瓣。"

"我的有十二瓣呢。"

"我的只有十瓣。"

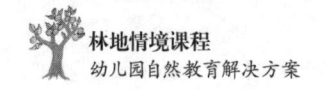

原来，橘子有那么多瓣儿啊！

图5-19　用小手摸一摸，哦，原来橘子是这样的呀

2. 剥一剥，尝一尝。孩子们通过摸、揉、闻等方式和橘子亲密接触。一切准备就绪，我们开始剥橘子啦！

3. 查一查，看一看。大家一起来查一查、看一看，有蜜橘、金橘、丑橘、砂糖橘，血橙、绿橙虽然名字像橘子的好朋友橙子，但是它们并不是橙子，而是橘子哟。

在这一阶段中，幼儿们通过闻一闻、看一看、摸一摸、剥一剥、尝一尝等方式，了解到橘子不同于其他水果，它的浑身都是宝，剥开橘子第一眼看到的白色经络富含维生素，食用的时候不用剔除掉，而且橘子皮也有很多的功效。

活动4　橘汁真好喝

芝麻：橘子还可以加工成哪些美食呢？

怡怡：我喜欢把橘子做成果汁。

教师：那我们就开始做果汁吧（见图5-20）！

小小的橘子，有很多的奥秘，这也给幼儿们带来了更多的探究可能，幼儿们在一步步的认识和发现中构建了对橘子的认知，好奇心得到了满足，经验也得到了提升。

图5-20　快来尝一尝亲手制作的橘汁，干杯

活动5　晒橘皮啦

第一阶段，就有幼儿提出"剩下的橘皮还有没有用"的问题。橘皮当然还有用，我们可以把橘皮晒干，放在教室的角落里，让我们的教室更好闻。所以，今天喝橘汁剥下的橘子皮可不能浪费哟。我们一起来晒橘子皮啦！

幼儿们听说橘子皮可以让教室更香，都兴高采烈地晒起橘皮来（见图5-21）。

图5-21 晒橘皮啦

活动6　橘皮创意

《3—6岁儿童学习与发展指南》艺术领域指出："小班幼儿经常涂涂画画、粘粘贴贴并乐在其中。"

教师通过蜡笔涂色画的绘画方式引导幼儿表现"橘子"（见图5-22）。

幼儿的学习从生活中来，又回到生活中去。正如教育家陈鹤琴所说的："孩子们要在做中学、做中教、做中求进步，大自然、大社会都是活教材。"

课程感悟

通过从幼儿感兴趣的橘子入手，五星幼儿园开展了一系列活动。幼儿们在直接感知、实际操作、亲身体验中享受到了收获的喜悦，加深了对橘子的认识，积累了丰富的知识和生活经验。

悄悄告诉你们，橘子的秘密远远不止这些，橘子的故事还在继续……

明年初夏时，静待橘花开。

明年秋收时，发现新橘趣。

图5-22　小橘皮，大创意

故事五　"坡"有乐趣

林地活动时遇到一个斜坡，小朋友疑惑地问：

"老师，为什么在这里我跑得很快？"

"老师，我也是，好像有人拉着我向前跑，真好玩儿。"

课程缘起

《3—6岁儿童学习与发展指南》中指出："幼儿的学习是以直接经验为基础，在游戏和日常生活中进行的。"一次户外活动中，一群幼儿从滑索区的草坡上俯冲下来，而且速度非常快。这一发现引来了班上其他幼儿的围观和加入。斜坡在幼儿园到处可见，幼儿园的攀爬架是斜坡，林地的竹梯搭起来是斜坡，中央花园的木架是斜坡，蔬菜地旁的通道是斜坡……小小的斜坡让幼儿们充满了好

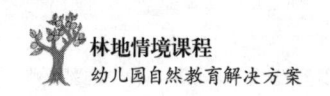

奇，激发了幼儿们探索的兴趣，于是，一场对于斜坡的探索之旅开启了。

活动1 "坡"有感受

斜坡与平地有什么不一样呢？

在教师提出问题后，幼儿分别在由木梯木板架构的独木桥上以及斜坡、滑梯、攀爬网上进行体验游戏（见图5-23），用亲身感受回答了这个问题。

"比在平地上走路累。"

"不对，比在平地上走路轻松。"

"你这样走就轻松，但是像我一样走就很累。"

"斜坡可以当滑梯，平地不能当滑梯。"

"小的斜坡也不能当滑梯，你看，这样根本滑不下来。"

幼儿们的回答五花八门，有趣极了。

图5-23 走斜坡让幼儿有了与在平坦路面上走不一样的感受

幼儿们通过寻找斜坡、感受斜坡、趣玩斜坡等活动，对于生活中的斜坡更加敏感。从自己提问到解决问题，最后到实验验证，这一系列过程都是幼儿在主动推进这个活动，教师则退居二线，变成了支持者、记录者。在幼儿们对斜坡进行观察和付诸行动、提出问题、亲身经历、解决问题的过程中，教师注重保护幼儿对斜坡的探索欲望，鼓励幼儿积极探索。

活动2 小球滚小坡

为了让幼儿们更深刻地认识斜坡，教师决定来一次"小球滚小坡"的游戏，让幼儿亲自动手搭建斜坡，然后观察小球的滚动情况。

1. 第一次搭建。幼儿们在林地里找寻到一些木板，将木板的一端放在一块砖头上（见图5-24）。但是小球才动了没多远就停下了，有两次还从斜坡的侧边滑下去了。

"为什么小球没有滚到终点啊？"

"是不是斜坡太短了？"

"我觉得是太窄了。"

"那我们再搭建一个大的吧。"

图5-24 第一次搭建

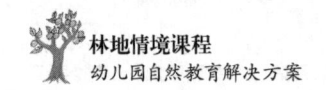

2. 第二次搭建。经过商量，幼儿们决定重新建一个更宽更长的斜坡轨道，并开始重新制订建构计划。制订好了斜坡建构计划后，幼儿们重新投入游戏中，这一次他们搭建了一个更宽更好看的斜坡轨道。但是，小球的下滑仍然不太顺利（见图5-25）。

"球倒是跑到终点了，但是一点也不快，我下山时感觉都停不下来，可是小球就没有。"

"又掉下去了，可能是我们的轨道还是太窄了吧！"

"我们可以加上围栏，球就不会滚到轨道外了。"

"要不我们再搭建一个更大一点的轨道吧！"

"等一下，我觉得坡应该再高一些吧。"

"好的。"

图5-25　第二次搭建

3. 第三次搭建。有了前两次的经验，幼儿们这一次全部选择了最长的木板来搭建围栏，因为他们发现这样既整齐，又能让球不脱离轨道。细心的幼儿还搬来了木桩,把它挡在两块围栏木板的连接处,以控制球滚动的距离(见图5-26)。同时,幼儿将轨道的另一端又抬高了一些。

搭建完成后,幼儿们有序地进行着滚球游戏。这一次的滚球游戏中,由于有了整齐围栏的约束,球一直沿着斜坡轨道直线向前滚动着。"成功啦!"幼儿们高兴地欢呼起来。

当幼儿们在滚球游戏中遇到问题时,教师给予幼儿讨论的机会。幼儿们通过观察、讨论与分析,找到了解决问题的办法,他们有了直接探究的机会。无论是加宽坡面,还是用多种材料搭建围栏,都给予了幼儿无限的探究空间。

面对"为什么球会滚下来?""有什么办法可以让球走直线?"等提问,幼儿进行思考并积极讨论,在此过程中,提高了自己的表达能力和思维能力,发挥了幼儿的主体性地位。在科学领域的学习过程中,好奇心是重要的内驱力,探究能力是必不可少的一种技能,两者缺一不可。

图5-26 第三次搭建

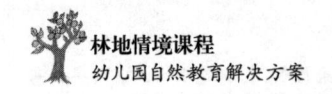

活动3　斜坡创想

斜坡还可以怎么玩呢？由于没有任何条件限定，幼儿们的思维一下子就发散开来，天马行空地想了很多有趣的方法。最后幼儿们决定将小球滚斜坡改造成一个挑战游戏，他们在斜坡的下端挖出来三个坑，并分别标注上"1""2""3"，小球滚到几号坑，就获得第几名。

不得不说，还真是有创意。

在斜坡创想的延伸活动中，幼儿们通过自己的奇思妙想，将斜坡活动变成了一个好玩的游戏，而教师则成为游戏的见证者和支持者，而不是主导者或指挥者，这让幼儿们有了更多发挥的空间，为他们发挥想象力、创造力、实践能力、沟通能力等创造了条件。

课程感悟

斜坡课程故事反映出师幼合作、幼幼合作之间不可分割的密切关系。通过一系列的活动，幼儿们主动学习、积极探索，社会交往能力、动手操作能力、合作能力、语言表达能力都得到大大提升。幼儿们的学习探究之路未来可期。

故事六　"根"你有约

树有多高，根有多深。强大的根系可以把植物牢牢地固定在土壤中，根长得越深，分布得越广，植物就越不容易被大风刮倒。在此也寓意宝贝们能茁壮成长！

课程缘起

一切就像约好的那样，小班幼儿们离开家人的百般呵护来到了陌生的环境，认识老师、新小伙伴，学习自己穿脱衣服、自己吃饭、自己喝水。他们遇到困难时不再请求家人的帮助，而是试着自己去面对，自己去解决。他们就像植物的根，刚入土的时候是细的、短的，时间久了，根就变得越来越长，越来越粗壮。

一天，几个幼儿在植物角浇水时，发现水培的洋葱长出了根，于是好奇地把它拿起来观察，还用手不停地摸。琳琳说："这个好像是它的根。摸起来感觉有点凉凉的、滑滑的。"萱萱说："咦！根上怎么有像胡须一样的东西？"萱萱的疑问，引来了一群孩子的围观，几个孩子开始你一言我一语地讨论起来，大家都对这个话题产生了浓厚的兴趣，于是，我们开始了关于"根"的话题。

"根上面像胡须一样的东西是什么？"

"根能吃吗？"

"根是干什么的？"

"其他植物的根也是这样的吗？"

……

幼儿们的世界就是如此简单、纯粹，他们对自然界所有的事物都充满了好奇。既然幼儿们都很想对"植物的根"一探究竟，那大家就一起去探索一下植物的根有什么秘密吧。

活动1　探秘根

根到底长什么样子？带着疑问，幼儿们带来了各种蔬菜的根，开始对它们进行观察、探索（见图5-27）。

大家欣喜地拿起根来闻一闻、看一看、摸一摸，有的还想尝一尝呢！

幼儿们通过自己的观察了解到，根有各种颜色和形状，有的硬硬的，有的软软的，有的是直的，有的是弯的，还有的是乱七八糟的。他们对自己找到的根十分感兴趣，话题也滔滔不绝。

于是，教师们趁热打铁找来了相关书籍和视频，通过翻阅绘本、倾听故事和观看视频，幼儿们对植物根的形态特征和作用有了一定的了解，对植物的根产生

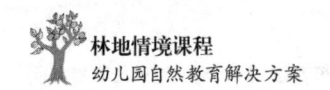

了很大的兴趣。

根和动物一样也要分种类。按根的发生来分，有主根、侧根、不定根；按根的功能来分，有贮藏根（肉质根、块根）、气生根（攀援根、支柱根、呼吸根）、寄生根；按根的总体形态来分，有直根系、须根系。

在活动过程中，当幼儿遇到问题和产生疑惑时，教师不是简单地予以回复和直接答疑，而是在尊重、支持的心理氛围中，以认真关注、真诚肯定、启发引导和放手让幼儿自主探究的行为，对幼儿的自由探究予以积极反馈，引导他们猜一猜、想一想、看一看，一起发现并分享有趣的事物或现象，一起寻找问题的答案。

图5-27 认真观察各种根

活动2 寻找根

经过一段时间的探索活动，幼儿们对植物的根充满了好奇。在哪里可以找到根呢？

大家一起出发，到幼儿园的角角落落去找一找吧（见图5-28）！

幼儿们在草地里、菜地里、林地里、土里、沙里、水里都可以找到根，大多数植物的根是埋在地下的。在石头里没有找到根是因为根不能在石头上生长，石头上没有水，没有水的话根就会死掉。在活动开展过程中，教师们以敏锐的观察能力和判断力及时发现有价值的问题，基于幼儿的兴趣需求推进课程的具体实施，进而引发幼儿进一步去探究。

图5-28　看，我发现了根

活动3　玩转根

1. 根的写生。在寻找的过程中，幼儿们纷纷找到了各种各样的根，他们要把找到的独一无二的根画下来！

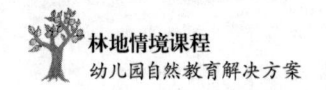

2. 吹画①树根。各种各样的树根真奇妙，让我们用吸管吹画的方法把观察到的树根画下来吧（见图5-29）！

中央花园有很多材料（小树枝、小树叶、小花、小果子……），让我们来找一找，看一看哪些材料可以让我们的树根变得更漂亮。

3. 根艺创作。根据根的结构、形态，幼儿们大胆想象并利用各种材料进行组合装饰，尝试创作小型的立体根艺作品（见图5-30）。

4. 根的乐园。教室后面的小树林是幼儿们熟悉自然、探索自然的窗口，也是幼儿感受自然的最佳场所。在爸爸妈妈们的支持下，幼儿园开展了打造"根的乐园"活动，让幼儿做绿色家园的守护者。

瞧，大家都积极行动起来啦！

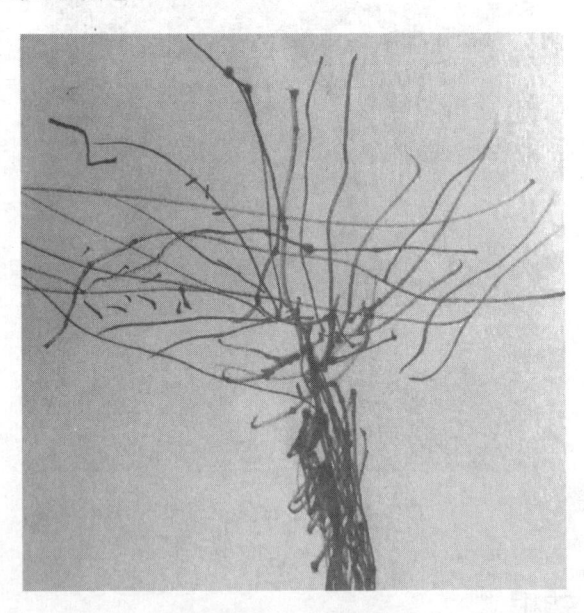

图5-29 吹画树根

---

① 吹画是一种充满趣味性和创造性的艺术形式，适合各个年龄段的人尝试。

图5-30 树根上的小树屋

每个幼儿心里都有一颗美的种子。教师利用一切教育契机，创造机会让幼儿在大自然和社会文化生活中萌发对美的感受与体验，丰富幼儿的想象力和创造力。幼儿围绕"根"这个主题展开想象，用自己的方式去表现自己所看到的事物，进行不同的艺术表现。

课程感悟

陈鹤琴先生说过："大自然、大社会是一本无字的书，是活教材。"大自然的魔力就在于时时刻刻都有新鲜的事物等待幼儿们去探索、去发现、去收获。世间万物都有灵气，身边的每一棵树、每一根杂草，都能让幼儿们学会尊重生命，尊重自然。

幼儿们通过对根的系列探索，感受到植物生长的力量，积累了很多关于根的知识。从对根的讨论和猜想到对根的特征了解，从对根的作用了解到对根的喜爱表达，幼儿们收获了很多。因为根的不同，植物便有了多样性。虽然根的样子

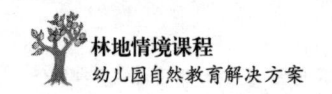

不一样，但它们又有着同样的作用和特性，并且根与人类有着密切的关系。在一次次的根艺创作中，幼儿的想象力和创造力得到了充分发挥。在追寻自然、探索发现、分享交往的过程中，幼儿们收获了知识，提升了解决问题、社会交往的能力，养成了良好的学习品质。虽然这次活动的主题结束了，但是关于根的话题一直还在进行。

故事七　树枝重生记

孩子是大自然的宠儿，
也是大自然的追随者，
大自然的一草一木，
一风一沙都能引起孩子的驻足，
激发孩子的兴趣。

课程缘起

著名教育学家陈鹤琴说过，大自然、大社会是孩子们鲜活的教材。因此，教师要经常带领幼儿接触大自然，在生活中寻找教育契机，有意识地引导幼儿观察周围事物，激发其好奇心与探究欲望，让他们在做中学，做中求进步。

一次户外活动中，幼儿们到小树林捡落叶，将其放在美工区作为游戏材料。源源说："铭铭捡的是树枝。"铭铭说："树枝也可以用来做游戏啊。"树叶可以用来玩游戏，树枝也可以吗？于是，关于树枝的探秘之旅开始了。

活动1　捡·树枝

幼儿园的林地里有树枝，花坛里有树枝，还有哪里可以捡到树枝呢？"我们小区也有小树林，地上有树枝。""公园的草地上有树枝。""马路边上也有树枝。""我家楼下就有树枝。"幼儿们说的地方，真的能捡到树枝吗？一起出发，来一场捡树枝的亲子活动吧（见图5-31）！

大自然的一花一草、一树一叶，都是活教材。不起眼的树枝随处可见，这就是大自然赐予游戏家们最好的礼物！我们不仅要发现大自然中美的事物，还要利用这些礼物创造美，创造快乐，不辜负大自然的馈赠！和父母家人一起捡树枝的活动给幼儿提供了亲近自然的机会，增进了亲子情感。

图5-31 捡到树枝好开心

在捡树枝的过程中，幼儿们通过观察、比较，发现了树枝的不同，初步了解了树枝的外形特征。

"树枝，有短短的，有长长的，还有粗粗的！"

"看！我的这根树枝有许多的分叉呢！"

活动2 知·树枝

"树枝本来都长在树上啊，怎么现在都落到地上啦？"小朋友们纷纷举起手来，"我知道，我知道……树枝老了，就枯了，掉下来了。""风刮下来的。""被虫子咬坏了。""我爷爷家有好多树枝，都是被他剪下来的。""我看见有园林工人用大剪刀剪的。"

《3—6岁儿童学习与发展指南》科学领域中指出："鼓励和引导幼儿学习做

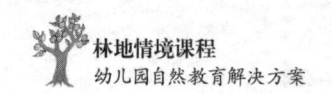

简单的记录,并与他人交流分享。"幼儿通过亲身体验,捡树枝、观察树枝,和爸爸妈妈一起了解地上的树枝从哪里来等,并通过绘画予以表达,然后进行讲述,让分享、交流变得更有意义。教师作为幼儿活动的支持者、引导者,和幼儿一起将经验进行梳理、归纳、总结、整合,从中获得了新的经验。

看,我们还做成了表格(见图5-32)!

捡树枝喽

树枝的样子	发现树枝的地方	树枝落在地上的原因

捡树枝喽

树枝的样子	发现树枝的地方	树枝落在地上的原因

图5-32 捡树枝也要多思考哦

活动3　理·树枝

树枝被带到幼儿园了，可是有的长，有的短，乱糟糟的，不方便拿取，也不安全，怎么办呢？放在哪里呢？大家可以把树枝整理一下，放整齐。可以像放画笔一样把树枝插起来，也可以把树枝排排队放在篮子里。

于是，大家分组进行收纳实验。然后进行投票，并说出自己的发现。插在纸筒里——纸筒太小，插得很少。插在收纳筐里——收纳筐里有很多洞洞，树枝容易插在洞洞里出不来。放在塑料袋里——塑料袋不结实，容易被树枝戳破。最后，大家决定还是把树枝放在盒子里吧，能放很多，方便拿取，少数分叉的树枝就插在纸筒里（见图5-33）。

平时，活动区域的游戏材料都是分类收纳的，幼儿们积累了收纳的经验，他们很快就将乱糟糟的树枝进行了合理收纳，而且他们在选择收纳树枝的容器时，能进行比较与选择，经过实验再选用合适的东西进行收纳。整理树枝，体现了幼儿具有充分的自主性，也提升了幼儿分析、比较、推理以及分类整理的能力。

图5-33　把乱糟糟的树枝放进纸筒里，就成了一件艺术品

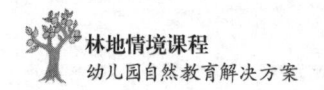

活动4 玩·树枝

当树枝进入幼儿们的游戏之中,他们用满腔的探索热情让游戏有了更多无限的创意!小小的树枝在他们的眼中、手中,变成了果树、房子、数字、小提琴、画笔、筷子、平衡木、打击乐器等。

除了这些,幼儿们还用树枝在沙子上画画、写字、拼图,给树枝排序,还用树枝玩跳房子的游戏、搭建小木屋……幼儿们的想法可真多。

在生活中,树枝可以用来做什么呢?一起瞧一瞧小朋友和爸爸妈妈制作的树枝工艺品吧(见图5-34)!

图5-34 给树枝粘上红色的彩泥,就变成含苞待放的红梅

幼儿是天生的游戏家,他们创造的树枝游戏涉及各大领域,一方面是源自他们以往积累的游戏经验,另一方面,在游戏过程中,他们会自然地将以往的游戏经验进行迁移,积极与材料互动,选择自己喜欢的游戏方式。于是,小小的树枝在他们的眼中、手中,发挥出大大的能量。一百个幼儿,有一百种玩法。幼儿们通过相互交流学习、讲述游戏故事,使小小的树枝也生发出更多乐趣。

活动5 搭·树枝

有一天，田田发现种植角的牌子是挂在树枝上再插在盆里的，她高兴地对然然说："你看，这个树枝站在盆里，像个稻草人。"通过观察，幼儿们发现，树枝插在种植盆的泥土里，就会"站起来"。树枝还可以"站"在哪里呢？幼儿们带着树枝出发啦！

小树枝可以"站"在超轻黏土里。他们把树枝带到了楼下种植地里，发现树枝可以"站"在种植地里。他们把树枝带到了沙池里，发现树枝可以"站"在沙池里。他们把树枝带到了草坪上，发现树枝不可以"站"在草坪上。

这些发现，让幼儿们玩树枝的花样从平面向空间发展。在沙池里，树枝桥、小树林诞生啦！

刮风了，自然角的植物左摇右摆，幼儿们烦恼起来：小芽要被吹倒了，要是它们也有房子就好了，不如拿树枝来搭帐篷。把树枝插进软软的沙子、泥土、超轻黏土里，就可以直接"站着"搭个帐篷。但是自然角里没有那么多的沙子、泥土、超轻黏土啊，怎么办呢？有什么办法可以让树枝在硬硬的地方"站"起来呢？搭建小帐篷的需求激发了幼儿们的灵感："我们可以把好多树枝绑在一起，就能搭起帐篷了！"

搭建帐篷支架的时候，用什么材料可以把好多树枝绑起来呢？幼儿们找来了绳子、超轻黏土、胶带、扭扭棒等。

幼儿们实践之后发现：要先将树枝合在一起再进行绑定，但合在一起的树枝只要稍微动一动，扭扭棒和胶带就容易松，就会离开原来的位置，树枝就很容易倒下来，而且超轻黏土也固定不了树枝，怎么办呢？绳子最适合！

"我不会用绳子打结，怎么办？"那就跟老师或者爸爸妈妈学习用绳子打结！"用绳子绑树枝的时候，为什么越来越松？"那就两人合作，一个人固定树枝，一个人绑树枝。每绑一圈绳子，就把它拉紧一次，这样就不会松了！"搭帐

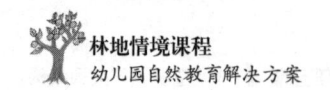

篷需要几根树枝呢？"那就动手试一试，记录一下需要的树枝数量。

通过实践，幼儿们发现最少需要三根树枝，就可以搭成帐篷的支架。

帐篷的支架搭好了，用什么材料做帐篷呢？在外面裹上布、塑料薄膜、塑料布，小帐篷就完成啦（见图5-35）！

之所以选透明薄膜，是因为它透光又防水。看！小帐篷做好啦！

图5-35 植物宝宝有家了

搭建帐篷的过程是幼儿发现问题、解决问题、再发现问题、再解决问题的自主探究与学习的过程。当出现问题的时候，幼儿往往会借助以往的经验去思考。教师作为引导者，不是积极地动手帮助幼儿解决问题，而应引导和支持他们在以往的经验基础上大胆探索、共同合作、尝试自己的想法，并不断优化和完善，从而最终找到解决问题的方法，提升解决问题的能力，促进自身的发展与成长。

课程感悟

离开大树的树枝看似是生命的结束，其实也是新一轮生命的开始。有些树枝有很强的再生能力，把它们扦插在土里，它们会继续发芽、生根、成长，最终长成参天大树。来年教师们将继续延伸活动，和幼儿一起感悟生命的奇迹。

《3—6岁儿童学习与发展指南》指出："要经常带幼儿接触大自然，激发其好奇心与探究欲望；真诚地接纳、多方面支持和鼓励幼儿的探索行为。"而对于树枝的探索，正是一项有趣且富有挑战性的活动，符合幼儿科学探索的需求。课程来源于生活，也将应用于生活。留住美好的方式有很多，树枝以它特别的姿态呈现着与众不同的美。运用创意让树枝重生，让枯木焕发新的生机，将树枝与环境相结合，合理、有效地利用自然物，让幼儿们从生活的点滴中去探索与发现，在感受自然万物美的同时，更萌发了幼儿亲近自然、热爱自然的美好情感。虽然幼儿们和树枝的故事暂时落下帷幕，但是，林地的课程还没有结束，教师将回到最初的本源，从点到面，最后回到大树，鼓励幼儿们去理解树木带给我们人类的美好，以及人们可以怎样利用这些资源。教师将鼓励幼儿去进一步探索和发现，使课程向纵深处发展。

故事八　　雨天趣事

雨就像天上的精灵，

时而在空中追逐，

时而敲打着窗户，

时而钻进我们的嘴巴……

课程缘起

陶行知先生曾说："我们要解放小孩子的空间，让他们去接触大自然中的花草、树木、青山、绿水、日月、星辰。"《3—6岁儿童学习与发展指南》指出："中班幼儿喜欢接触新事物，经常问一些与新事物有关的问题。"而幼儿对于从

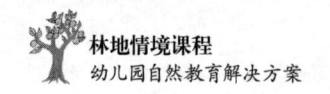

天而降的雨有着独特的好奇心和探索欲，每逢下雨，总能看见幼儿踩水塘的场景。又恰逢立夏过后，雨水增多，时常能看见蜻蜓低飞、蚯蚓爬行等景象。这一系列的现象，激发了幼儿与"雨"的对话：

"小雨滴，你从哪里来啊？"

"小雨滴，天上有什么呀？"

……

因此，教师结合"雨"这个日常常见的气象，为幼儿提供了一个独特的机会，满足了他们与自然亲密接触的愿望。同时结合中班幼儿的学习特点，培养幼儿的科学探究能力，激发幼儿参与科学探究活动的积极性和主动性。

活动1　自然探索"雨天的快乐"

每年的6月份，无论南方、北方，雨水都会逐渐增多，幼儿们看到下雨总是很兴奋，他们喜欢雨淋在身上、树上、房屋上的感觉，也乐于体验躲雨的乐趣。既然期盼已久的雨已经来了，那就让幼儿们好好体验听雨、看雨、玩雨的乐趣吧！

幼儿们穿上雨靴、雨衣，兴冲冲地跑进雨里，教师们则准备好记录并慢慢引导他们。大家在雨里有了很多不同于寻常的感受，雨滴答滴答地落在雨衣上、帽檐上，偶尔还调皮地落在小脸蛋上，凉飕飕的，真有趣。

1. 畅聊小雨滴。"为什么会下雨呢？""雨水是从哪里来的呢？""雨水可以喝吗？""为什么总是下雨呢？"

……

幼儿们一路带着疑问，很快就走进了林地。在林地里，又看见、听见了不一样的"雨"：雨滴落在泥土里是什么样子的？落在花瓣上是什么样子的？落在树叶上、石板上、大轮胎上会发出什么样的声音？（见图5-36）

图5-36 让我看看雨滴落在树干上是什么样子

2. 我们也来跳泥坑。雨水将林地的小洼地慢慢地变成了小水坑，那些充满活力的小脚如果跳进去一定会溅出美丽的水花。所以一场"跳泥坑"大赛（见图5-37）即将开始，看看谁溅出的水花最大。

平常玩的大型户外玩具上也落上了很多雨水，教师启发幼儿用小手拍一拍，再问一问：有什么办法判断雨大还是雨小？雨滴落在马路上、泥坑中、台阶上发生了什么变化？

3. 热烈的讨论。回到教室后，师幼及时进行了一次分享活动。教师鼓励幼儿们仔细感受、分析和分享他们的所见、所思、所想。这既是一次美好的回顾，也能锻炼幼儿们的表达能力和感受自然的能力。

图5-37　在泥坑里跳来跳去

活动2　美术活动"大树下雨啦"

尝试用不同形式的线条（如长短、粗细不同的线以及曲线、螺旋线等）来表现雨点，并能进行绘画装饰，让幼儿在观察和操作的过程中感知线描画、晕染画的美感。最重要的是让幼儿大胆地用线条进行创意表现，体验完成作品的快乐。

所用的工具也不复杂，只需要白纸、颜料、笔刷、勾线笔人手一份。作品完成后，将其夹在树下的绳子上，仿佛又下了一场雨！幼儿们观察雨滴的视角不同，所以画出来的雨也各有特色，有的幼儿画的是密集的大雨，也有的幼儿画的是稀稀拉拉的小雨，但是都没关系，因为他们都在用自己的语言讲述自己的故事。

活动3　科学活动"雨的形成"

在观察雨、感受雨的活动中,幼儿们已经产生了很多关于雨的疑问,其中最多的就是:雨是从哪里来的?雨是怎样形成的?那就一定要给幼儿们解释清楚。

1. 先让幼儿观看雨形成的课件,让他们对雨的形成有一个大致的了解。

2. 教师通过实验的方法让幼儿更加直观地看到"雨"究竟是怎么来的,为此需要用到酒精灯、烧杯、玻璃片、水等实验器材。

3. 引导幼儿了解"蒸发"以及"雨是怎样形成的"等科学现象,知道雨与人类的关系。

看到烧杯里的水在酒精灯的加热下变成水蒸气,然后又凝结在玻璃片上,越积越多,最后终于变成小水滴落了下来,幼儿们不约而同地说:"哦,原来下雨是这样啊!"

"妈妈蒸馒头时也有水蒸气!"

"那你家的锅盖也会下雨!"

"哈哈哈……"

课程感悟

几乎所有的幼儿,天生就对沙子、泥土、水等自然界的事物怀有无限的好奇心,同时他们会非常本能地想要亲近这些物体,把它们捧在手心、踩在脚下、反复触摸感受……通过跟雨水这个自然物打交道,幼儿能够感受到自己对自然物的控制力,从中得到一种满足感和愉悦感。此外,处于动作发育关键期的幼儿,会反复做出某些动作,来练习大脑对动作发出指令的过程。而雨的不确定性,又启发了幼儿的创造性、探索性。

相较于晴天而言,雨天的自然环境会变得更为复杂。同样的活动在雨中开展会增加难度,提高挑战性,它需要幼儿具备更大的勇气、更强的协调性、灵敏力及安全意识。但只要教师愿意支持,幼儿就会投入其中,乐此不疲。完成"雨中

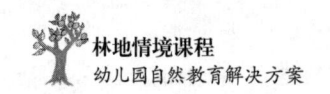

任务"对幼儿来说是一种锻炼，可以激发幼儿勇敢、顽强的性格，增强他们迎接挑战和承担风险的能力。这种用感官亲身体验、实际操作的机会，可以让幼儿对许多抽象的概念建立起感性认识，收获难得的认知经验与智慧。

故事九　醒不来的小动物

终于见到了奶奶，

可是奶奶却睡着了。

仔仔奇怪地问：

为什么让我来看奶奶睡觉？

周围的人都红了眼睛，

仔仔感觉这件事好像不太好……

课程缘起

仔仔是大班即将毕业的幼儿，突如其来的疫情将他和奶奶隔在了两个城市，因此仔仔最终没有见到奶奶的最后一面。他像许多幼儿一样，似乎知道了死亡，但又似乎不是很清晰。疫情把幼儿们的假期挡在了屋里，待在相对有限的空间，过着缺少玩伴的生活。但是他们有着天然的好奇心和旺盛的求知欲，他们对生命似乎也有了一点懵懂的认知。

这次特殊的假期正是一个特殊的生活课程，幼儿们与成人一样真实地经历着防疫生活。面对疫情，他们有着自己独特的想法。结合生活中真实的体验、所闻及所感，他们找到了兴趣点，这也正是课程的出发点。病毒来势汹汹，威胁着无数人的生命安全。不仅如此，生活中的其他事物也同样可能威胁着我们的生命。那在幼儿们的眼中，死亡是什么呢？生命又是什么呢？一起追随他们的脚步来看一看吧!

活动1 自然探索"寻找睡着的生命"

为了让幼儿们更为直观地了解生命的消亡,教师带领他们来到林地里,寻找那些已经安静"睡着"的动物或是植物(见图5-38)。没过多长时间,幼儿们就找到了很多。他们不断地跑来跑去,向教师喊着:

"老师,这有一只睡着的小麻雀!"

图5-38 孩子们想要看看土里面有没有生命的存在

"老师,这些小草睡着了。"

"老师,这条小豆虫也不动,它是睡着了吗?"

"老师,睡着了就是死了吗?"

"老师,死了以后还能活过来吗?"

他们不断地提出自己的想法和疑问,对生命和死亡充满了好奇。经过一节课的寻找,幼儿们在林地里一共找到了三十多个"睡着"的生命。其中,有一只小麻雀、五条毛毛虫、六棵小草、一棵小树、三只蚂蚁、两只蜜蜂、四只团子虫、两棵紫花地丁……

看得出来,大部分孩子都对死亡有了大概的了解,但也有一部分孩子对这一概念并不清晰。比如,有的幼儿认为一碰就缩成一个球并保持长时间不动的团子

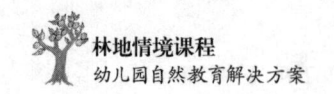

虫和一动不动的小草也是"睡着"了。还有一个幼儿把一朵干枯的小花埋在土里，期待它还能生长出来。

活动2　语言活动"死亡是怎么回事"

为了让幼儿了解死亡的含义，知道每个人最后都会死去，并且能够接受这一事实，教师为幼儿在多媒体上展示了《爷爷变成了幽灵》的绘本故事，让幼儿对死亡有了进一步的了解。之后每个小组都展开了关于死亡的讨论，并且在最后都给出了一个结论：

第一组得出的结论是："死亡就是没有了。"

第二组得出的结论是："死亡就是一直都不会醒来了。"

第三组得出的结论是："如果有人死亡了，大家应该很悲伤。"

第四组得出的结论是："死亡是因为不能呼吸了。"

第五组得出的结论是："很多人都已经死了。"

看得出来，幼儿们对死亡的认知已经加深了许多，也不再像之前那样对死亡充满恐惧。教师则继续告诉幼儿们，每个人最终都会死去，死去的原因有很多，生病或者意外都可以夺去人的生命，当一个人的心跳停止，一个生命的周期也就结束了。

活动3　科学活动"生命又是怎么回事"

为了让幼儿们更加深刻地感受探索生命的乐趣，教师带领他们参观了园里的生物标本室。在那里，幼儿们可以看到很多植物标本，比如种子、种苗、成年植物、枯萎植物等。教师让幼儿们注意辨认它们的不同阶段，如发芽、生长、开花、结果、枯萎、死亡等。

接着，教师提问："你们知道动物是怎样生长的吗？"在幼儿们的一片好奇声中，教师引导幼儿们又观察了动物标本，如青蛙的卵、蝌蚪、成年蛙，以及蝴蝶的卵、蛹和成虫等。

通过演示，幼儿们逐渐了解了生命的周期，知道了无论是动物还是植物，都会经历从生到死的过程。同时，在讨论中，幼儿们还发现有的生命周期很长，有的则很短。他们很期待所有的生命都能够很长，但是他们也知道这并不现实。

活动4　了解自己"我是怎么来的"

关于生命，幼儿们更感兴趣的就是"我是怎么来的"了，每个小孩子都对自己的"来处"充满好奇。尽管大多数大班的幼儿已经知道自己是在妈妈的肚子里长大，然后生出来的，但他们似乎仍旧想象不出来这究竟是怎样一回事。

1. 读绘本。教师给幼儿们解读了《小威向前冲》《呱呱坠地》等绘本，幼儿们知道了原来自己是这样从妈妈肚子里出生的。然后，幼儿们还好奇地掀开了衣服露出了自己的小肚皮，他们惊奇地看着自己的肚脐眼说：

"原来肚脐眼是连接我和妈妈留下的痕迹。"

"现在我终于知道我是从哪里来的了！"

"原来肚子上的洞洞是连接妈妈的证明呀。"

通过探寻自己的生命历程，幼儿们了解了成长的不易。他们想到妈妈十月怀胎的辛苦，眼睛里甚至有了闪闪的泪光。

2. 护蛋大行动。让幼儿在一天之中都需要保护"蛋宝宝"，随时随地将"蛋宝宝"带在身边，就像妈妈在怀孕时，时时刻刻保护着自己一样。很多幼儿都会在某个不经意的瞬间将蛋打破，但越是不容易成功，幼儿越能体会到妈妈当时的艰辛。

小贤："保护好蛋宝宝可真难，妈妈可真辛苦。"

悦儿："我一定要把我的蛋蛋保护好，我要像一个真正的妈妈一样。"

大智："我觉得今天中午我不能睡觉，不然蛋宝宝可能会丢了。"

清清："走路要慢一些，不然蛋宝宝会感觉不舒服。"

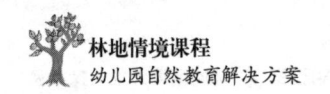

通过护蛋活动幼儿们可以很好地体验到责任感，感悟父母的养育之恩，让幼儿们感受爱的教育。

3. 小记者采访爸爸。鼓励幼儿回到家中，作为一名小小记者采访爸爸在单位工作一天的工作内容（见图5-39），有啥有趣的事情，可以记录下来。

图5-39　正在采访爸爸的小记者

采访爸爸的过程，既可以锻炼幼儿的语言表达和沟通能力，也能够让幼儿了解更多大人们的世界。通过采访，幼儿能体会到大人的工作不易，这也是一次亲情培养过程。

课程感悟

生活即课程，生活即教育。五星幼儿园在疫情期间抓住了这个契机，跟幼儿们讨论什么是死亡，让幼儿分享自己的情绪感受，解答幼儿的各种提问，以此帮助他们认识生命的珍贵和脆弱。我们对孩子进行死亡教育的意义在于让孩子知道生命的可贵。

作为教育工作者，幼儿园教师有责任教育幼儿呵护生命、敬畏生命、尊重生命，让生命之花绽放、常开、出彩。一个人只有意识到生命的宝贵，才能明白生命存在的价值和意义。晓得生命存在的价值和意义，才懂得什么是爱与被爱，才能谈得上爱自己或是爱别人。

幼儿园大班是教育过渡的关键时期，具有承上启下的作用。幼小衔接不是单纯地让幼儿学到知识，而是让幼儿具备适应小学生活的能力，能够顺利适应小学生活。从幼儿发展的观点来看，不给予幼儿锻炼的机会，就等于剥夺了培养幼儿自理能力的机会，久而久之，幼儿也就丧失了独立能力。所以教师要本着"大人放手，孩子动手"的原则，让幼儿做一些力所能及的事情。

　　生活自理能力，简单地说，就是自我服务、自己照顾自己的能力，它是一个人应该具备的最基本的生活技能。但现在大部分幼儿依赖性强，有的父母更是喜欢包办，恨不得把理应孩子自己做的所有的事情都帮孩子做了。似乎只有这样才能表达对孩子的爱，反而忘记了自己的教育责任是培养孩子的自理能力。让孩子学会照顾自己，让孩子从小就学会自己的事情自己来做，不依赖父母。父母在培养孩子劳动观念的时候也要把握度的问题，只有孩子养成了良好的劳动观念，才能学会为父母分担。

CHAPTER 6

第六章

林地情境课程实践的措施保障

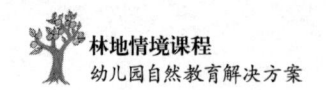

筚路蓝缕，五星幼儿园的林地情境课程从探索起步，逐渐发展为常州市课程基地，获评"常州市基础教育学校品质提升建设项目暨前瞻性教学改革实验项目"，荣获常州市基础教育教学成果一等奖。以此为基础，幼儿园立项了多个省市级课题，形成了良好的课程实践与幼儿园教育生态。在这一过程中，五星幼儿园通过持续的反思、学习和实践，更新了认识，打开了视野，拓展了知识，提升了能力，为幼儿园育人工作的高质量开展奠定了扎实的基础。反思这一过程，林地情境课程的有效建构依托于园所管理者以及全体教职员工的持续精进。他们在理论准备、制度建设、资源投入等方面进行了科学谋划与持续付出。五星幼儿园奉行实践出真知的理念，在探索中总结，在实践中优化。课程基地建设、立项前瞻性教学改革实验项目以及开展广泛的课题研究、家长和社会工作，这些都既是林地情境课程实践取得的成果，也是激发其内在生长的基本手段。以学促研，以研促工，两者以螺旋式上升的方式支持着林地情境课程不断走向完善和优化。梳理林地情境课程的实践过程，五星幼儿园在思路梳理、理论准备、制度建构、资源投入以及课程评价方面为课程的建构和实施提供了全方位、全过程的支持，并形成了一套完整的课程开发保障机制。

第一节　理论准备

带着问题以及对高质量幼儿园课程建设的期望，五星幼儿园管理者和全体教职员工首先开启了理论学习之路，通过向书本、专家、同行、幼儿学习，去研究如何建设真正高质量的课程。幼儿园搬迁之初，面对破旧、不符合幼儿年龄特点的小学校舍场地，在《3—6岁儿童学习与发展指南》精神的引领和江苏省课程游戏化项目改革的驱动下，五星幼儿园全体教职员工将目光进一步从如何为幼儿创设适宜的发展环境转向如何为幼儿提供高质量的课程支持，以培养幼儿具备符合社会及时代所需的各种核心素养。

五星幼儿园在林地情境课程的理论准备上秉持了三个基本原则：第一，带着问题开展理论学习。林地情境课程建设的源头是五星幼儿园为了解决过渡办学期间的资源贫乏以及幼儿园高质量发展的问题而采取的策略。如何为幼儿创设适宜的环境，幼儿应该在课程实践中发展什么样的品质，教师应该具备什么样的理念和思维以及如何支持幼儿的有意义学习，此类问题是林地情境课程建设的直接驱动，它们促使教师不断去观察幼儿、思考幼儿与社会发展之间的关联并探索如何运用合适的资料来达成这一目标。第二，以实践为导向。起始，林地情境课程建设就是从如何改造环境、开发资源等方面入手的，其目的是将"野"环境转变为幼儿可以学习的课程资源。因此，教师就将如何规划空间、如何设置适宜的主题活动等视为学习的主要内容，以期在实践中不断突破思维认知上的局限。上述理念不仅体现在借园办学期间，在五星幼儿园新园建成后，同样也得到了坚持，如对空间变换的思考就很好地体现在了新园空间的设置和布局上。第三，注重教师的自我反思。教师的课程素养始终是林地情境课程建设的首要依托。在长时间的课程实践过程中，幼儿园不仅要求教师反思当下的课程实践活动如何满足幼儿的即时性学习需要，而且要求教师站在社会和时代发展的高度去确立课程的目标及内容遴选，不断增强教师自身对课程改造的主动性和主导性。可以说，理论准备这一原则设置是符合幼儿园教育教学工作的基本规律和特征的，它既回应了幼儿学习的具身性、经验性和个体性，也从社会和时代发展的高度反映了幼儿园教育教学工作的规律与内在要求。

林地情境课程源于林地课程，其最早的构想出自教师们。当时，仅仅设想到幼儿们在树林间玩耍、上课，恣意跑着笑着，这一画面就已经让人很着迷了。随

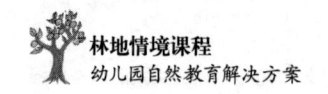

着教师们更加深入地了解林地课程时，发现它除了有着像魔法一样吸引人的魔力，更有着深刻的教育理念。五星幼儿园全体教师由此开始了理论学习之旅。而林地情境课程的理论学习之路主要分为三个部分，即文献梳理、概念界定和理论升华。

在文献梳理阶段，五星幼儿园通过集体学习，对有关自然教育、幼儿体验教育等文献进行了系统的梳理。在国外，对自然教育的分类主要有以下三种：

一是自然教育与环境教育。在英国，"回归自然"和"亲近自然"是指幼儿与乡村、田园和大自然的接触，而非与城市或人文环境的接触。但是在英国的自然教育中，正是由于自然环境的稀缺，学者们似乎更喜欢把人文环境也算进来。David F Coggan（2017）就提出了"自然与环境教育"（Nature & Environmental Education, NEED）这一概念。除了自然环境，还包括一系列农工业、都市及人口密度低的乡村环境，它们似乎更符合英国当今社会的自然教育。在美国，学者们并未找到"自然教育"一词的来源，然而不可否认的是，美国在那些构成自然教育这一概念的理念、运动、思想流派的起源与发展过程中都扮演了重要的角色，特别是在环境教育、环境解说和自然保护等方面。尽管很多国家最初的自然教育与环境教育相互关联、不可分割，但在价值取向及发展方向上仍有很大不同。其中，环境教育旨在培养受教育者的生态价值观及可持续发展的理念。而自然教育则更像是环境教育的升华，由被动接受自然到主动探索自然。因此，自然教育有其独特的内涵和发展方向，具有不可替代性。

二是自然教育与森林教育。与自然教育有所不同，森林教育是指在林地环境里，为幼儿或青少年提供亲身体验的机会，以此来培养他们自信心和自尊心的一种户外学习过程与实践。最早兴起森林幼儿园的是丹麦，发展迅速的是德国，教育形式多样的是英国。但各国实践模式有所不同，丹麦崇尚自然、自由民主；德国注重体验、返璞归真；英国则提倡全纳，全国兼顾。与福禄贝尔、蒙台梭利和华德福幼儿园不同，森林幼儿园是自然教育观的体现。它的第一所幼儿园也不是为了实践某种教育理念而创办，而是源于丹麦一位全职妈妈的育儿经验。尽管看起来并没有很强的说服力，但到20世纪90年代时，德国已经建立了超过150家森林幼儿园。森林幼儿园不止在德国发展壮大，截至2017年，美国境内也已有约250家森林幼儿园和托儿所。森林教育很好地印证了德国乃至欧洲在面对工业化、城市化的影响时，是如何表现出主观能动性和创造性的，通过各个阶层的努力和配合，积累了上百年丰富的森林教育经验，才成了我们今天所看到的繁荣景象。

三是自然教育与科学教育。19世纪末，教育界也开始思考人与自然的关系，自然学习运动初见端倪。哈佛大学博物学家路易斯·阿格西里提出了"学习自然，而不是书本"的口号，鼓励将博物学教育作为基础教育的一部分。美国的自然科学教育受自然学习运动影响很大。美国科技化的发展，对民众提出了更高的科学素养要求，英、美、日、澳等国家均较早地开始了科学教育。到21世纪信息化时代，美国STEM理念的科学教育更是引领全球，成为焦点。所谓STEM理念，是指从科学（Science）、技术（Technology）、工程（Engineering）和数学（Mathematics）四个方面对学生进行教育。其中，与自然教育产生交叉的便是科学（Science），即运用科学知识（如自然探究、生命科学和地球空间三大要素）来理解自然界并参与影响自然界的过程。

在国内近几年的相关研究中，专家学者对自然教育的关注度有所提高。随着知识经济时代的到来，对人才的需求在不断提高，人类命运共同体的目标制定，使越来越多的人注意到了自然教育的重要性。

自2010年以来，我国自然教育机构呈井喷式兴起，特别是在北京、上海、浙江、福建、广东、云南和四川等经济发达的地区或自然条件优渥的地区。这些机构的服务对象按年龄排序依次为3—6岁幼儿、小学生、初中生、高中生。可见，我国自然教育的影响范围随着孩子年龄的增长呈下降趋势。据调查，这些自然教育机构的教育内容多为活动课程、旅行活动、解说服务、到校服务、自然工坊等。缺乏具有专业自然科学背景的人才以及缺少经费的支持，使机构发展受到

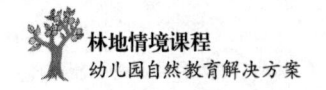

限制。

和国外较成熟的森林幼儿园相比，国内以自然教育为主的专门园所和教师队伍较少。大多数幼儿园都是在课程之中加入包括自然角、自然环境创设、自然材料利用、户外活动、自然教育实践活动、亲子活动等少量课程，比较零散、不成体系。当然，也有少数幼儿园具有我国独特的自然教育理念，在一定程度上涵盖自然教育的内容，例如浙江安吉幼儿园，它在幼儿园的户外环境创设上，借助当地的竹海、白茶等特色，遵循自然、野趣的原则，布置了大片的沙池、高低起伏的草坡与隧道、原生态的泥地，几乎看不到塑胶场地；山东利津幼儿园则针对户外活动和游戏进行研究；河南省实验幼儿园设立了"耕读苑"，定期组织大型野外实践活动，带领幼儿亲近、探索自然。

此外，目前国内学术界对自然教育课程实践的研究相对较少，且多集中在生命教育、生活教育、生态主义教育、自然智力研究、幼儿文化研究等方面。但国内很多幼儿园对这一课程理念实践多有研究，如瑞吉欧、华德福、森林教育等，都在中国得到了大规模的实践和应用。除了幼儿园，国内还将环境教育加入义务教育中，主要采取以学科教学为主、综合实践为辅的方式来指导自然教育。

在这一过程中，五星幼儿园逐渐明晰了自然教育发展的思想脉络、实践脉络及其背后蕴含的深刻哲理。卢梭、杜威、理查德·洛夫等人的思想主张和观点不断启发着我们以历史和关系性视角去审视林地情境课程的建构与实施。

通过上述理论学习，五星幼儿园进一步从课程实践出发，重点分析了当前幼儿园自然教育的不足。理查德·洛夫指出："自然如同睡眠和食物一样，同样被孩子所需要。"现代社会的孩子们生活环境单一，每天不得不穿行于钢筋水泥所塑造的场所，眼前的世界异常枯燥。同时，他们因缺少与大自然的连接而迷恋电子产品所带来的快乐，进而大大增加了肥胖、注意力紊乱、孤独抑郁、感统失调的可能性。因此，五星幼儿园自己定义了什么叫林地课程以及该课程需要实现的目的，即以林地情境作为幼儿连接自然的空间元素，围绕情感为先、能力为核、认知为基的核心经验，通过观察、探究和表现自然，不人为地过多干预，让幼儿自由地获得与自然有关的发展，并且对亲自然的课程理念、林地情境和幼儿浸润式体验作了全方位的阐释。

然而，林地情境课程实践的理论准备并不止于此，而是随着课程实践以及教师认识的深入而持续发生。任何一门课程背后都体现着课程建构者对幼儿发展目标以及社会发展需要的认知和理解。社会和时代在发展，幼儿在发展，幼儿园具体的教育情境也在发展，它们的相互作用使教师不断去思考何为好的课程以及该如何促进幼儿的有效发展。五星幼儿园在设置区域、设计主题活动等方面仍在做着理论思考工作，搬入新园后同样没有中断。而这些工作又集中地体现在课程实践基地、前瞻性项目以及系列的课题研究当中，它们共同为林地情境课程的持续优化提供了根本保障。

第二节　制度准备

理论准备解决的是课程建设的思想认识和方向指引问题，如何将科学的理念具化为切实可行的行为，还需要从制度上予以保障。为了推动自然教育和林地情境课程理念的落地，五星幼儿园主要从课程建设团队、教研、后勤保障等方面进行了体制机制方面的系统性工作。

一、课程团队建设

（一）五星幼儿园以建构林地课程为目标，形成合理的团队组织机制

建设一支师德高尚、业务精良、结构合理的项目团队，首先必须抓住林地教师选聘和使用两个环节，从课程组织和制度保障入手，形成合理的团队组织机制。五星幼儿园在团队师资配备上，以年级组为基本单位，选拔有自然科学素养

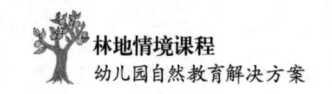

且乐于研究的骨干教师担任首席，形成小、中、大共同参与的师资队伍结构，积极吸收有科学素养且乐于奉献的优秀青年教师加入项目团队。其次，在团队建设中，关注新教师自然科学素养和能力的培养。幼儿园对新教师实行"带教制"，即给新加入团队的青年教师配备一名林地课程建设经验丰富的骨干教师担任导师，使骨干教师在充分发挥特长和优势的同时，还投入一定的精力去帮助和激励青年教师提高专业素质与业务水平，发现并协助青年教师解决在课程建设中遇到的问题，真正做到传帮带，继而实现从实验班到全园卷入。

（二）以项目组制度为载体，形成高效的团队运行机制

针对课程建设过程中出现的新问题，以项目组为载体，制定了"集体备课制度""教学研讨制度""集中听评课制度"以及"集体互评制度"等一系列制度，以加强课程建设的规范性，使主题活动的产生、学习内容和重点难点的确定、资源选用、活动组织、课程评价等工作的开展有章可循。近年来，五星幼儿园林地项目组持续健全活动制度，以《3—6岁儿童学习与发展指南》为指引，科学实施亲自然理念下的林地活动，不断充实课程建设内容，提高课程建设水平，开展更丰富的亲自然教育研究活动。项目组教师们集思广益，取长补短，团队合作，分工负责，增强课程的组织功能、教学功能和规范功能。在课程建设中，始终以幼儿发展为本，创设多元互动的亲自然环境，科学地组织和实施，形成一系列经典案例。

为了确保课程的成功实施，五星幼儿园同样重视教师的专业发展，定期组织教师参加自然教育、情境教学法等相关培训，提升教师在林地情境课程中的引导和教学能力。此外，教师们还会定期进行反思和经验分享，以不断优化课程内容和教学方法。

二、教研团队建设

为了同步提升教师的专业理念与师德以及专业知识与能力，五星幼儿园对教师采取了双轨并行的培养策略。在专业理念和师德方面，幼儿园由党团工会和保教主任负责主导师德师风的建设，并由家长进行监督。通过理论学习、师德演讲、优秀教师评选及形象微信推送等多种方式，幼儿园激励教师热爱自己的岗位，以身作则，营造出"仰望星空，脚踏实地"的积极园风。

在专业知识和能力方面，五星幼儿园实施了卷入式发展策略，鼓励不同层次的教师积极参与，以增强活动的认同感和自主性，确保全员全程参与，并以实践型主题为引领，开展专业研讨。同时，幼儿园采取了联盟式互动发展策略，构建了一个由园长、中层管理人员、教师、保安、保育员以及家长共同组成的联盟共同体，每个成员都能发挥自己的专长，通过互动合作，共同提升保育教育的专业水平。具体来说有以下两个方面：

一是"党建+"机制。坚持把党的建设、党风廉政建设与业务工作同部署、同规划、同落实、同检查。创立"党建+"新模式，以党建带团建、党员带普通教师，深入学习并践行各类主题教育，紧扣中国共产党成立100周年等时代主题，宣传、塑造新时代教师形象。

二是"一体两翼三平台"培养机制。一体指以培训为主体，组织教师到全国各地参加培训，并将自己的培训内容分享给全园教师，进行二次反馈与培训。两翼指林地名师培养、青年教师培养为两翼，发挥个体优势，辐射带动整体，构建园所教师队伍的优化路径，使教师培养和管理制度逐步完善，真正做到人尽其才，物尽其用。三平台指青蓝教师成长平台、订单式培养平台、教研共同体平台。所谓青蓝教师成长平台是以市、区级学科带头人及骨干教师组成导师团，实现"高人指路"和"贵人相助"。订单式培养平台是定期聘请南京师范大学等高校教授、知名专家深入课堂，进行诊断式听课，然后列出问题，带徒结对，形成订单项目，对教师进行针对性培训。教研共同体平台则指形成问题清单，聚焦问题，现场研讨。遵循实证机制，淡化评价，重视研思，实现一线教师、幼儿、教研团队的多方、多维度的发展和共赢。

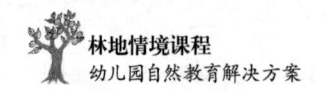

五星幼儿园的环境特点是空、大且原生态，那么就可以让幼儿们拥有更大范围的活动空间。同时，五星幼儿园的一些外地生源具有"敢上墙、敢爬树"的特征，可利于幼儿园盘活资源，形成"玩味体育"品牌特色。幼儿园对于幼儿的游戏玩法不设限，在"三不原则"（不伤害自己、不伤害他人、不伤害环境）下，让幼儿按照自己的游戏意图自主选择材料和项目。以上完整的教研体系为林地情境课程的实践提供了很好的保障。

三、后勤保障制度

（一）安全管理

在林地情境课程中，安全始终是首要考虑的因素。幼儿园制定了一系列详细的安全规程和应急预案，确保幼儿们在户外活动中的安全。教师负责监督和指导幼儿们在林地中的活动，确保每一个环节都符合安全标准。林地活动中，教师往往有这样的顾虑：收得太紧，削弱了幼儿挑战的意愿；放得太开，又怕发生不可预测的危险。为此，五星幼儿园针对林地活动从"安全"到"安全且自主"的需求，寻找幼儿发展的平衡点。于是，幼儿园赋予了幼儿更多的活动权利。林地活动存在着各种风险，教师们不惧危险，邀请幼儿共同参与风险评估。幼儿根据自己的承受能力为风险定级（低、中、高），改变了以前谈风险色变的活动状况。例如，运动中的磕碰现象较为常见，这主要是由于幼儿的身体协调能力和平衡感还在发育过程中，同时他们的注意力容易分散，对危险的感知和判断能力相对较弱，但通过为他们提供安全的运动环境、教导他们采取正确的运动方式以及加强监护和引导，可以有效地减少这种情况的发生，保障幼儿的健康成长。

（二）精细化管理

五星幼儿园将幼儿园的各项工作流程规范化、制度化和标准化。在此基础上，教师与幼儿共同参与讨论，以建立共同行为模式，促进良好习惯的养成，并最终实现习惯的内化。

物品管理的"30秒效应"：这一理念强调的是物品取用的高效率，即所有物品的取用过程应在30秒内完成。为了实现这一目标，对物品的管理必须做到易于取用和归置，同时保持清晰的可视性。在收纳物品时，应充分考虑其特性、分类以及使用习惯，运用细致的管理原则以促进取用过程的高效性。

塑造自主管理的思维方式：在物品管理和生活流程的共同影响下，幼儿逐渐形成了自主管理的思维方式。在小组活动或区域游戏结束后，幼儿能够主动归还材料，确保每个物品都能有序"回家"。此外，个人生活用品，如饮水杯、观察本等，都会贴上幼儿自己的标签，以增强幼儿对物品的归属感并培养他们管理物品的责任感。

第三节　条件准备

《窗边的小豆豆》里有这样一段话："这是一所特别的学校，大门是矮矮的树做成的，树上长满了绿色的叶子。学校四周种满了各种树木，用来做围墙。已经不再跑的电车是这里的教室，孩子们就像一边学习、一边旅游一样，当校园里的花草树木随风摇曳时，感觉就像电车跑了起来……"林地情境课程建设之初，尽管条件简陋，但这并没有阻挡五星人前进的步伐。除了制度建设之外，林地情境课程的条件准备还包含物质条件和家长支持两个基本方面，前者主要解决课程实施的场地和材料问题，后者主要解决家长对新的教育理念、教育模式的认同、支持和参与问题。

一、林地情境课程的环境营造与资源支持

为了林地情境课程理念的有效落地，幼儿园投入资金和资源，对林地进行了科学规划和维护，配备丰富的自然材料和教学设施。同时，幼儿园还与社区、环

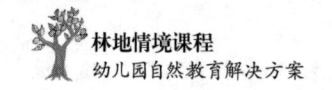

保组织等建立合作关系，拓展课程资源，丰富幼儿们的学习体验。通过这些实施机制，林地情境课程得以顺利开展，幼儿们在自然的怀抱中快乐学习，健康成长。幼儿园将继续致力于完善课程体系，为幼儿们提供更加丰富、多元的学习环境。

斑驳的旧操场、围墙边的杉树林、茂密的小竹林以及水泥过道长廊，都是幼儿们最喜爱的地方。如何因地制宜、巧借现有资源，实现幼儿户外活动自主化、游戏化、个性化，是园所建设的突破点。五星幼儿园教职员工实地勘察、设计方案，对户外场地的布局进行集体商讨，以竹、木、草、土、石等作为幼儿的基本游戏材料，提出以生态和绿色为基本理念，深挖生态资源，规划设计场地，初步形成16个活动游戏区。幼儿园借助这些宝贵的自然资源，将游戏场景搬到户外，使大自然成为一个天然的角色游戏室。在一次次的集思广益中，幼儿园教师们碰撞出璀璨的思想火花，使幼儿园从起初的"泥巴乐园"规模逐渐扩大，演变出"驰骋球场""农家菜园""惊险荡桥"，将原来堆满建筑垃圾的后操场，整齐规划成颇具规模的生态农家小院（见图6-1）。这些在别人眼中是不起眼、不入眼的旧校舍、旧操场，五星人却能充分利用好它们，给幼儿带来最大的快乐。教师们发动幼儿、家长收集各种废旧材料，真正实现用其所用、行其所能，将低碳、环保、绿色的理念进行到底。

为了能节约成本，真正发挥废旧材料的潜在价值，教师们将废旧的空调外机罩进行简单改造，为它包上自行车内胎软皮，将其神奇化身成小小篮球筐。考虑到幼儿搬运活动材料的不便，又在塑料篮球筐下安上万向轮，绑上用废旧横幅编织的拉带，就可以灵活自如拉起篮筐运材料。教师们还将收集来的游戏材料进行合理投放，让幼儿们有选择性地拿取、游戏、组合、整理，幼儿可以与轮胎做伴，建造乡村庄园；可以自制小汽车，"行驶"在树林间；可以大胆爬上网格，玩勇敢者游戏。这些废旧材料，在幼儿们的眼中、手里生出了各种意想不到的玩法。

因人员有限，教师们全员上岗，他们在户外用铲子挖球场，手冒血泡；用麻绳绑网格，手掌破皮；用铲车运石块，腰部扭伤；穿雨披砍竹子，满身沾虫；用切割机割木板，火光四射……五星幼儿园所有人心往一处想，劲往一处使。正是这样一群淳朴善良、勤劳睿智、团结协作、吃苦耐劳的五星人，把一个又一个的不可能变成了现实。其他教职员工也不闲着，食堂阿姨勤动手，自留田里刨地种菜；保安师傅巧动手，安装万向轮；保育阿姨亲自缝纫足球小背心、蓝花桌布。这一幕幕场景让人感动。园长也觉得自己更加应该干劲十足，冲在最苦最累的第一线。教师家属也经常开玩笑说："我们是五星幼儿园的编外教师。"他们纷纷奉献自己的力量，亲情赞助各种轮胎、小汽车、小木屋等，请公休、齐上阵，帮忙吊秋千、装饰面包车、切割轮胎。

那些日子，五星人面对的是破落的操场、萧条的杂树林、乱草丛生的竹林、堆满建筑垃圾的后操场……怎一个"野"字了得？作为园长，我自己都打起了退堂鼓，心想：算了吧，反正只是过渡，差不多就行了，等搬了新园再好好弄。但所有困惑和情绪，终究还是抵不过心里对幼儿们一张张笑脸的期待。全体教职员工一次次思考、讨论、推翻，再思考、再讨论、再推翻……终于有一天在头脑里冒出了一个念头：何不将"野"就"野"！自此，五星幼儿园在环境营造方面开始采取因地制宜的措施。

图6-1 从破旧杂乱到焕然一新

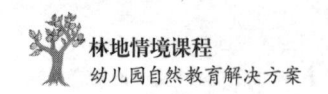

1. 将"野"就"野"

众人眼里如此糟糕的环境，在天真孩童的眼里，却呈现出另一番惊喜：他们热爱在竹林里躲猫猫，喜欢在空旷的跑道上自由驰骋，更愿意在草丛里等候一只小蜗牛路过……究其原因，教师们不禁茅塞顿开：我们的很多孩子从小生活的环境本就是原生态（见图6-2），这样不拘一格的地方更让他们感到自由。外地生源的孩子活泼好动，传统户外活动难以满足他们的运动需求。

图6-2 令人着迷的原生态玩法

在这样一种理念的引领下，幼儿园开始转换视角，跳出固有的"精致高端"，欲将这片"荒野之地"打造成一片幼儿游戏的沃野。这样一来，既能够让幼儿们玩得开，又可以节省下重新改造现有设施所需的高昂费用。

2. 在想象之中勾勒梦想

一份份充满未知而又渴望被解答的调查问卷陆续回收，幼儿们心中的梦想敲击着五星人的心弦，在孩子们眼中，他们并不需要空洞乏味的室内游戏，他们真正需要的是一份被放逐在外的自由：女孩儿可以沉浸在浪漫的情怀之中，荡秋千、过家家、来场巴黎走秀；男孩儿则热衷于打野枪、开飞车、来场足球竞赛！他们咬着画笔，想象着心目中的游戏圣地，一幅幅图画勾勒出他们梦想中的城堡（见图6-3）。

图6-3 孩子们梦想的城堡我们努力去实现

3. 积极汲取各方智慧，推动幼儿园区域的科学设置

教师们外出参观、交流汲取经验、相互碰撞思想火花，找到了一把智慧钥匙，大胆地将这块贫瘠的土地打开，并向外延伸，一点一点地把幼儿们的梦想变成了现实（见图6-4）。

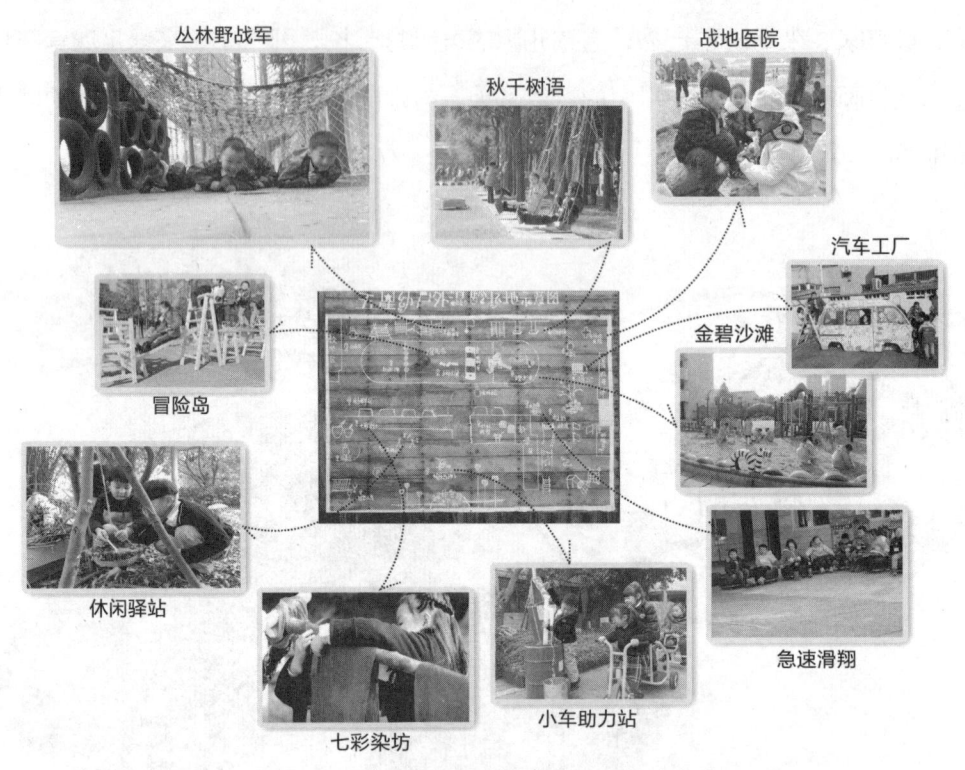

丛林野战军　　　秋千树语　　　战地医院

汽车工厂

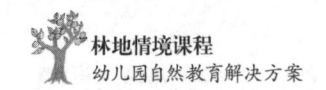

冒险岛　　　　　　　　　　　　　　金碧沙滩

休闲驿站　　　　　　　　　　　　　急速滑翔

七彩染坊　　小车助力站

图6-4　规划后的操场处处都是孩子们的乐园

（1）大操场：有机划分，发挥多元功能

原本四四方方的大操场，五星幼儿园对它进行了合理规划和有机扩充，投放多种游戏材料，增设并形成了"体育自制器械区""紫藤长廊""轮胎之家""冒险岛""乡村庄园""拼搭小车""纸筒乐园""大型器械""金碧沙滩""汽车工厂"等多个游戏区域（见图6-5），使每块区域凸显不同的游戏功能，幼儿们玩得不亦乐乎。

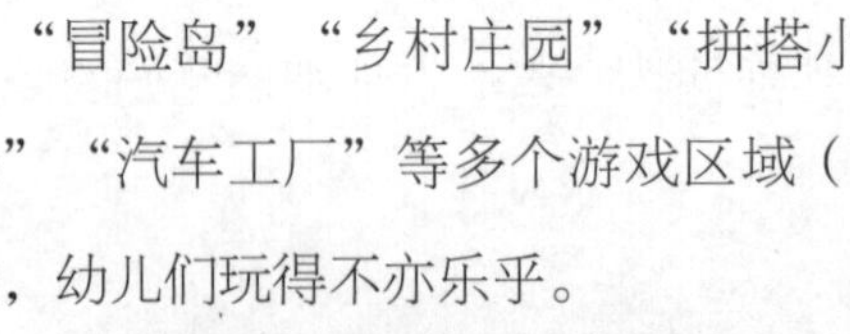

紫藤长廊 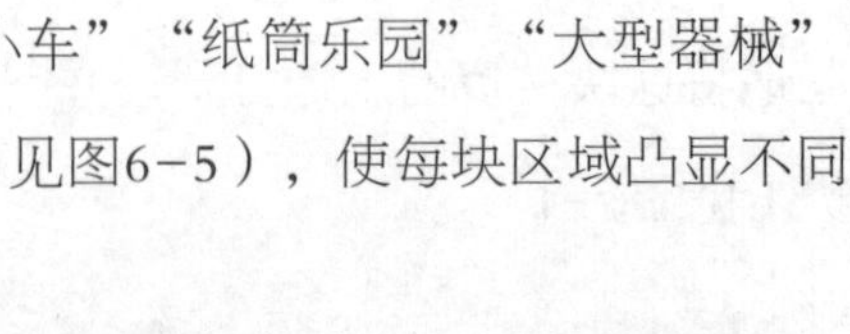　　　　　　　　　　轮胎之家

冒险岛 　　　　　　　　　　乡村庄园

拼搭小车 　　　　　　　　　纸筒乐园

金碧沙滩 　　　　　　　　　汽车工厂

图6-5　多个游戏区域

（2）后花园：起死回生，焕发角落魅力

原本堆满建筑垃圾的后花园，五星幼儿园对其进行清理并开垦，利用场地原生态的特性，开辟出"农家菜园""驰骋球场""泥巴乐园""惊险荡桥""奇特树桩"等多个生态区域（见图6-6），使原本死气沉沉的后操场焕发生机，呈现出活力氛围，幼儿们在其中玩得酣畅淋漓。

173

农家菜园 　　　　　　　　　　　驰骋球场

泥巴乐园 　　　　　　　　　　　惊险荡桥

图6-6 起死回生的后花园

（3）杂树林：保留资源，凸显原汁原味

每当夏天将至，围墙边的一片杂树林就蚊虫四起，可经过修剪、整理，却意外地发现这里的树木格外笔直、树枝尤为结实，不失为一处游戏圣地。教师们编织网格、拉绑横幅，利用适合的树间距，制成"秋千树语""丛林野战军""战地医院""行军野营地""勇闯轮胎墙""翻越小山"等游戏项目（见图6-7），幼儿们在这里玩得自由自在。

秋千树语 　　　　　　　　　　　丛林野战军

战地医院　　　　　　　　　行军野营地

图6-7　原汁原味的杂树林

（4）水泥地：林地相连，维持固有特性

硬邦邦的水泥地也可以变成一圈游戏赛道。幼儿园将坑洼不平的地方填平，利用坡度的特点，合理布置班级前的空地，创设了"急速滑翔区"；借用通畅主干道，在地面规划了交通通行标志，创设了"交通体验区"，幼儿们在这里玩得愉悦欢快（见图6-8）。

（a）急速滑翔区　　　　　　　（b）交通体验区

图6-8　刺激又好玩的急速滑翔和交通体验

（5）小竹林：翠竹万竿，保持浪漫情怀

杂草丛生的小竹林里，坐落着一个蘑菇亭，这里是每个幼儿的藏匿圣地。教师们合理开辟竹林，垂挂废弃吊篮，搭起木桩桌椅，放上农家石磨，打造出了一片

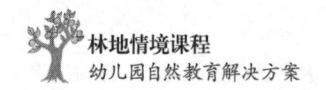

"竹林雅墅"（见图6-9），一场农家乐悄然掀起，幼儿们在这里玩得悠然自得。

图6-9 竹林雅墅

从2014年到2020年，五星幼儿园在林地情境课程的陪伴下走过了六个春秋，看着幼儿们的一张张笑脸（见图6-10），听着家长们的赞美和感激之词，拿着数不清的奖项，幼儿园的课程也经历了从最初的6个实验班到25个班级的全园卷入，其中林地课程占比63%。

随着林地情境课程的深入展开，课程也从对外在形式的追求走向对精神内涵的理解，五星幼儿园将林地课程作为"玩味童年"的一个缩影、一个载体、一个具体的尝试，通过林地课程的实践，丰富"玩味童年"的课程内涵。期间，《皮球虫死了》等课程活动一度成为微博、知乎热搜，引发热议，更是获得"学习强国"、央广网、《现代快报》、《扬子晚报》、常州电视台等主流媒体和知名公众号的转发与点赞。同年，五星幼儿园被评为"江苏省体育特色幼儿园（快乐体操）"，获评"江苏省体育研究联盟园"。

这些成绩无疑让王艳园长喜悦万分，甚至有点飘飘然。但王艳园长清醒地知道，任何事物的快速发展都会伴随新的问题出现。特别是五星幼儿园新园建成之后，虽然相较老园环境而言，硬件设施设备已很完善，但园所发展却遇到了瓶颈：老园地势多样，新园连通性不强，人均活动面积变小；老园稍稍粉饰便是神来之笔，新园一派整齐，教师们担忧会画蛇添足；幼儿从敢上墙、敢上树的状态慢慢退化成跑怕摔、高会抖的模样。幼儿当下的游戏行为与整个课程游戏化所追寻的自由、自主、愉悦、创新存在着鲜明的反差。

五星幼儿园的所有人都在思考并反复斟酌一个问题：曾经如火如荼开展的户外活动，怎么换了个地盘，就不再掀起大浪潮？细究其原因，大家终于发现了问题所在。

（1）小与少：较之老园，新园总体面积大，但建筑面积占地多，幼儿实际活动面积缩小。幼儿班数从12个班扩大到24个班，人均活动面积变小，人手材料数量变少。

（2）断与堵：老园地势多样，新园被各种台阶、花坛隔断，导致循环性、连通性不强，给幼儿户外活动带来安全隐患。

（3）平与阔：较之老园丰富的地形，新园宽敞、开阔，以水泥地面居多，缺少竹林、杉树林、长廊等各种地势，显得空荡，令人缺少探究欲望。

图6-10 彼此凝望的笑脸

于是，在2021年，五星幼儿园开始放慢速度，集中精力解决存在的问题。同

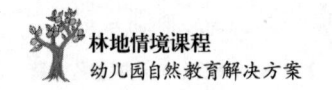

时，幼儿园不断寻找克服有限空间的办法，即互通、互联、互融。

一是室内与室外的互通。户外的区域被不可改变的因素所限制，幼儿园只能将视角放在园内的优势地段——宽3米、长85米的走廊为幼儿的体育锻炼提供了互通室内室外的有力渠道。

二是地上与地下的互联。纵观整个户外，地面相对单一，可利用的有效面积相对较少，为了将游戏场地向立体化发展，幼儿园尝试"上天入地"式的遐想，并逐步付诸行动将其变为现实。利用园内最大的优势——地下面积大且无阻碍，幼儿园大力开发、打造地下室，将户外场地进行纵向拓展，为幼儿创设"平衡车赛道""跑酷赛道""迷宫赛道"等多元空间，让幼儿在雨天照样能有场地进行大动作、大规模的运动。

三是操场与林地的互融。教学楼北部的林地内，有区别于水泥地的地势，坑洼不平的泥路给幼儿的运动带来挑战，幼儿园根据不同的地势对其进行改造。通过这些方法，不仅使问题得到了解决，还运用现有材料，结合低结构游戏材料，创造出了21 000平方米的"box乐高乐园"，弥补了幼儿园缺少大型器械承载功能及游戏功能区域的缺陷，让户外体育活动不再受任何时间、天气、人数的影响。同时，幼儿园开始起草属于五星的户外体育评测系统，以便为幼儿的体能锻炼提供更有力的保障。

十年磨一剑。从最初的探索寻找，到2014年课程起步；从特色项目申报，到品牌创建；从硬件环境优化提升，到课题引领、深入探索。五星幼儿园的十年，文化、课程、队伍建设并驾齐驱，其发展足迹清晰可见。

二、家长支持

五星幼儿园深知家长在幼儿教育中的重要性，因此积极采取各种措施与家长进行沟通，让家长充分了解林地情境课程的意义和目标。通过定期举办家长会、组织工作坊以及定期发送通讯，幼儿园鼓励家长积极参与到课程中来，支持幼在家庭中的自然探索活动，从而形成家园共育的良好氛围。事实上，幼儿园在实施林地情境课程的过程中，遇到的一个重要阻力就是来自家长。许多家长更倾向于让孩子在幼儿园阶段掌握大量的字词、算术题和单词，以便在小学阶段能够领先于其他同学。这种深层次的观念改变并非一朝一夕能实现。为此，幼儿园也进行了系统的家长工作。

措施一：定期举办家长工作坊，邀请教育专家和心理学家为家长讲解林地情境课程的理念和方法，帮助家长理解课程对幼儿全面发展的长远意义，从而改变他们的教育观念。

措施二：在世界森林日来临之际，王园长还曾给家长们写过一封信，信中呼吁家长们放慢教育的节奏，一同静待孩子的成长。这封信在《扬子晚报》、"紫牛新闻"、"最美教育人"等主流媒体上再次引发热议，许多家长开始反思自己的教育方式，开始逐渐接受并支持林地情境课程。

措施三：建立家长志愿者团队，让家长参与到课程的实施过程中来。通过亲身参与，家长们能够更直观地感受到课程的魅力和价值，从而更加积极地支持和推广林地情境课程。

通过这些措施，幼儿园希望能够逐步改变家长的教育观念，让他们理解并支持林地情境课程，共同为幼儿的全面发展和健康成长创造良好的环境。

第四节　课程评估与反馈

为了持续改进林地情境课程，幼儿园建立了一套完善的课程评估体系，创设了教师、幼儿、家长共同参与的评价机制，通过观察记录、学生作品、家长反馈以及教师自评等多种方式，对课程实施效果进行综合评估。评估结果将用于调整和优化课程内容，确保课程始终符合幼儿的发展规律。

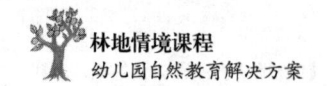

通过观察幼儿的兴趣、能力、智力、道德行为、情感态度等方面，教师可以发现每个幼儿的特点，了解课程是否达到了教育目标，并有针对性地提供支持和指导。评价系统的启动也是对教师成长的促进，可以帮助教师更加全面地了解教育活动的目标、内容、过程、方法以及环境、材料等。同时，在不断的反馈和调整中，可以不断地激发教师工作热情，提高教学实践水平。另外，评价可以帮助教育工作者诊断和改进教育活动中的问题，明确努力的方向，从而提高教育质量，促使其朝着预定的目标发展。无论是从幼儿角度，还是从教师角度，抑或是课程的角度，通过"评价"去"看见"，都有利于幼儿在幼儿园的健康成长。为此，五星幼儿园在课程评价过程中，聚焦于幼儿发展本身，在评价环节、评价主体、评价方法等方面采取了多种措施。

在评价环节方面，林地情境课程聚焦于幼儿每天熟悉的日常生活和游戏，这些自然地伴随着整个教育过程。五星幼儿园践行一日生活皆课程的理念，将自然情境体验渗透进幼儿的一日生活中，并且评价幼儿情境体验的各个环节，如晨谈、活动后的分享、散步等。

在评价主体方面，林地情境课程在活动过程中将教师、家长、幼儿以及幼儿园管理者的评价贯穿始终。五星幼儿园采用观察、记录、分析、助推的方式，对视频、图片、文字等记录进行分析，根据分析结果给予后续的支持策略，助推教师成长；幼儿园定期向家长开放活动，不惧家长的评头论足，而是在整个活动的不同阶段都充分给予家长表达的机会；幼儿园还通过幼儿与同伴的交流等活动促进幼儿之间建立良好的同伴关系，增强他们的社交能力。

在评价方法方面，五星幼儿园采用了表述法、图画法、统计法、点赞法、比赛法五大生生评价方法，以及观察法、作品分析法、谈话法、问卷调查法、档案评估法五大师幼评价方法，在实践的过程中对这些方法加以综合灵活运用（见图6-11）。

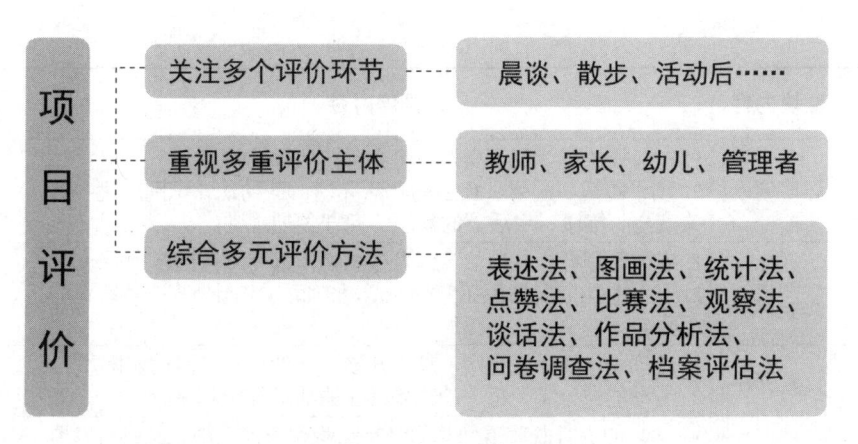

项目评价
- 关注多个评价环节 —— 晨谈、散步、活动后……
- 重视多重评价主体 —— 教师、家长、幼儿、管理者
- 综合多元评价方法 —— 表述法、图画法、统计法、点赞法、比赛法、观察法、谈话法、作品分析法、问卷调查法、档案评估法

图6-11 项目评价

例如，教师是幼儿园课程的执行人，也是幼儿园课程评价的主体，课程评价的结果就是要帮助教师更有效地审视教育过程，改进课程，制定相关制度，提高教育的质量，因此五星幼儿园形成了三级评估机制。

一级自评：完善园本教育评价指标，组织教师对《幼儿园教育指导纲要（试行）》与《3—6岁儿童学习与发展指南》中的指标进行表现举例，尝试建设基于本园特点的《幼儿发展性评价指标（初稿）》。开展园内自评机制（见表6-1），重点放在幼儿日常的发展状况与家长的满意度上。

表6-1 教师自评

自评版块	版块内容	具体内容	自评观点
教师专业素养	师幼互动	1. 关注来自幼儿间的互动信息与生成问题，进行有效设计，推进幼儿的活动与发展。 2. 根据幼儿的个性特点，用不同的策略，适合地评价，分享幼儿活动过程中的成果、努力或者挫折。 3. 与幼儿建立平等、信任的关系，能尊重与倾听幼儿。满足不同个体幼儿发展的需要。	……
	观察与评价	1. 有明确的观察目的，对幼儿进行观察与记录。 2. 多种对象共同参与，对每一个幼儿的发展进行评价，了解幼儿的发展潜能。	……
	反思与调整	1. 教育教学。 2. 科学研究。	……

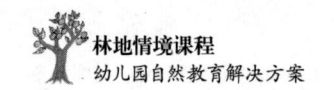

续表

自评版块	版块内容	具体内容	自评观点
环境创设与资源利用	环境创设	1. 材料投放能体现可操作、可变、挑战性等特点。 2. 创设舒适、温馨、自主的生活环境，帮助幼儿识别环境中有关安全、健康、生活等的标志，遵守各项规则。	……
环境创设与资源利用	资源整合与利用	1. 有效利用社会、自然、信息技术等丰富资源开展各种活动。 2. 充分利用家长资源拓宽幼儿活动空间，家园分享一致教育的经验。	……
计划与组织	计划安排	1. 活动安排能保证有序、从容开展，让幼儿知晓活动安排。 2. 活动能充分满足每个幼儿多样化的活动经历和体验。	……
计划与组织	设计与组织	1. 学习的内容既尊重幼儿的已有经验和当前兴趣，又具有发展的挑战性。 2. 提供各种机会让幼儿根据自己的水平和方式来使用材料与探索学习，以获得有益的经验。	……

二级他评：借助教研室专家等外援力量，请他们阶段性地走进幼儿生活与游戏现场，评估幼儿发展的状态和表现，并观察教师教育行为。

三级市级评估：根据自评和他评，对相关方面进行完善与修正，按相关规定接受市级综合评估。

CHAPTER 7

第七章

林地情境课程治理生态的改进及其优化

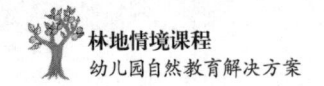

历经十年和两个不同的办园时期，林地情境课程从当初的6个实验班到如今全园25个班级，其内容占五星幼儿园课程比重已超60%，而且还在不断生发和成长着，已然成为幼儿园课程的主体。在这一系统的课程改革与实践过程中，五星幼儿园实现了以下几个方面的蜕变：一是办园理念和教师观念不断走向科学和卓越，指向幼儿、指向未来的价值体系基本形成；二是课程开发机制和模式不断走向成熟和完善，幼儿园可以自主、自觉地开展园本课程建设；三是家园合作共育生态逐渐走向良性循环，家长的教育观念得到优化且参与幼儿园教育的水平得到提升。林地情境课程的有效探索和实施使得五星幼儿园从一所地处农村的幼儿园于2015年以当年最高分的成绩获评"江苏省优质幼儿园"，成为当地家长高度认可的优质幼儿园。回顾林地情境课程的产生和发展过程，五星幼儿园同样清晰地认识到需要以发展的眼光来看待取得的成绩以及未来应进一步努力的方向，这既是林地情境课程优质可持续发展的应有之义，也是促进幼儿园内涵式发展的必然举措。

第一节　林地情境课程之于幼儿园教育教学生态的改进

林地情境课程之于幼儿园教育教学生态的改进主要体现在课程体系建构、幼儿学习和教师的专业发展三个方面。

一、林地情境课程完善了幼儿园的课程体系并改善了其实施方式

（一）建立了完整的课程体系

五星幼儿园始终倡导崇尚自然环境、追求自由平等、引导自主体验、培养活泼自信、乐于自我管理的现代幼儿和教师团队。幼儿园追求在游戏中体验、在体验中收获，以自然生长、自主活动、自由发展为基本宗旨，从幼儿经验出发，帮助幼儿在玩伴（教师、家长）的陪伴下尽情玩耍，体验游戏的趣味、生活的滋味、童年的玩味。并依据自由体锻、自主体验、自我管理三个维度（见图7-1）设置课程目标，且将其纵向细化，分解成三个内涵要求（见表7-1）。在此基础上，幼儿园还根据三个年龄段幼儿的特点，将每个内涵要求横向分解为逐步递进的三个层次，并对它们进行诠释。

自由体锻
- 幼儿能自觉投入体育游戏活动中去，在开放的环境和体育活动中自主选择环境中富有创造性和挑战性的学习与发展项目，提升身体素质与合作能力。

自主体验
- 幼儿能在不压抑、不圈养的环境中做到学中玩、做中玩、模仿中玩，成为善动脑、善发言、善质疑、有创新意识的一代新人。

自我管理
- 幼儿能在自由游戏及实践活动的同时，促使规则的生成与遵守，掌握自护与社交能力，达到自我管理、自主发展的境界。

图7-1 依据三个维度设置课程目标

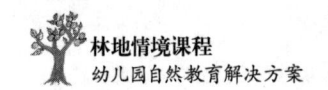

表7-1　三个内涵要求

具体目标	自由体锻	身心健康	3—4岁	适应环境
			4—5岁	积极参与
			5—6岁	调试发展
		动作发展	3—4岁	动作协调
			4—5岁	身体灵活
			5—6岁	具备耐力
		生命质量	3—4岁	锻炼意识
			4—5岁	体锻习惯
			5—6岁	运动技能
	自主体验	学习态度	3—4岁	增强兴趣
			4—5岁	多元探索
			5—6岁	合作商讨
		能力表现	3—4岁	初步自理
			4—5岁	自觉自知
			5—6岁	自主自立
		创造要素	3—4岁	敢于尝试
			4—5岁	主动发问
			5—6岁	学会质疑
	自我管理	热爱自然	3—4岁	亲近自然
			4—5岁	体验感知
			5—6岁	爱护环境
		社会适应	3—4岁	尝试融入
			4—5岁	文明协调
			5—6岁	服务意识
		规则约束	3—4岁	规则意识
			4—5岁	自我评价
			5—6岁	敢于负责

五星幼儿园以幼儿自由体锻、自主体验、自我管理培养为目标，以"玩味游戏"为点，"玩味精神"为线，"玩味课程"为面，以点带面地撬动全园的课程建设，将其贯穿于一日活动中，推进教学与游戏一体化，探索主题背景下领域教

学与游戏活动的有机整合，把幼儿的学习融在运动、游戏、生活中。

经过多年的研讨和实践，五星幼儿园构建了林地情境浸润式体验课程体系，体系涵盖课程目标、课程内涵、课程结构、课程内容、课程评价等多项内容，共开发出48篇原创林地教案，生成了近200个完整的课程故事。

（二）形成了完备的课程开发与实施流程

1. 打造课程环境——让幼儿站在中央，构筑学校空间新景图

（1）两个基于——实现场地功能的转变

基于主动学习内涵的深度学习——对户外场地进行了分类：角色游戏、表演游戏、建构游戏、沙水泥巴游戏、涂鸦游戏、自主性运动游戏、规则性运动游戏、体能锻炼游戏、自然探究游戏，各场地有不同功能。

基于场环境表征的多元分析——平衡、抓取、攀爬、旋转、探索、摘取、躲藏、想象、跳跃、操纵、奔跑、站立、就座、溜滑、支撑、步行。

（2）三个扩充——实现场地面积的改变

五星幼儿园将南楼、北楼进行横向串联，打造多方向、多通道的流线型通道，从一楼到三楼设有不同体能区域，既丰富幼儿活动在空间、地势、场所中的不同体验，又能保证幼儿的户外活动不受时间、天气、人数等因素的影响，从而确保活动的质量。

扩充自然区域游戏面积——中间大花坛、沙池、东边探索区、西边探索区、北边林地游戏区。

扩充楼道资源游戏面积——三层楼走廊、三层楼连廊。

扩充立体游戏面积——屋顶多功能厅顶面、地面脚手架。

（3）两个归还——实现游戏功能的转变

归还教师——不再限定某区的名称，将管理层面的高控权归还给教师，不再限定什么区放什么材料，什么区发展幼儿什么能力。

归还幼儿——将游戏权利归还给幼儿，不再限定什么区只能玩什么游戏，什

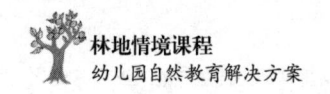

么材料只限于什么区域。

2. 简化组织方式——让幼儿成为主角，优化课程实施新样态

（1）时间上——由"被动参与"到"主动分配"

五星幼儿园尝试大胆放权，抓住两个关键词："弹性充裕"与"自由分配"。

教师层面：在保证课程实施不随意的前提下，让教师自主调控时间。

幼儿层面：予以幼儿一小时自由活动的时间，让其自主分配。既保证幼儿有合理的作息时间和规律，又把灵活安排活动的权利还给幼儿、教师。

（2）方式上——由"服从安排"到"自主选择"

区域活动变自主：在区域活动中，由原来的"教师安排"变为"幼儿选择"，将区域由原来的教室"四周"分布到"各个角落"，区域通道由原来的"一个出口"变为"多个出口"，区域形状由原来的"固定"变为"多变"。将桌椅、开放的游戏柜合并或拉开，调整区域设置，拓宽自主游戏空间，尝试区域规则改变一点，活动自主一点，空间由静态转向动态，允许幼儿在自然状态下由一个区域转移到另一个区域。

集体教学促自发：集体教学由原来的"遵从教材"变为现在的"关注经验"。给班级、给年级组更多自由的时间，根据班级幼儿的需要，灵活地调整时间。项目进行的时间由项目进度来决定，项目没有硬性的完成时间，当幼儿的兴趣转移或更加深入时，需要根据实际情况终止或延长项目时间。活动时间会持续一个小时，甚至完整的半天。既能保证幼儿有合理的作息时间和规律，又能把灵活安排活动的权利还给幼儿、教师。

运动活动享自由：在幼儿园运动活动中，教师以户外混龄游戏为运动载体，改变传统的规则性体育游戏，尝试同年级混班—分年级混龄—全园混龄。将幼儿放在同一个空间内，通过"大带小、小促大"的活动方式，让彼此在相互交流、互助、示范、模仿、学习等形式中自主地进行各种体育游戏活动。在混龄体育活动中通过混龄幼儿间的互动，构建一个互助学习与协同游戏的活动方式。

（3）关系上——由"教师控制"到"师生共建"

转变教师传统观念，学会向幼儿学习。课程实施中，强调幼儿在前、教师在后、追随幼儿、教师同行的互动关系，通过行为暗示、规则内化、情绪引导共建师生关系，让幼儿和教师游戏在一起、成长在一起、幸福在一起。通过观察、解读，提升教师专业素养，通过专题式研究，借由科学路径，让教师真正了解幼儿，实现幼儿在前、教师在后。

3. 探寻课程路径——让幼儿成为首席，勾勒课程管理新模式

搬入新园以来，五星幼儿园勾勒出以省编教材为主的基础课程、以班级微课程为主的拓展课程、以林地课程为主的专题课程。近两年来，探索出新的、契合园所实际的课程路径，以建构式课程为核心的课程审议、以生成课程为核心的课程开发、以拓展课程为核心的课程深化，都在不断推动课程园本化、课程管理生态优质化。

（1）课程审议——"让教师发现"

在课程的开启阶段，教师审查、商量、选择出有价值的主题教学活动，并且采用以问题为导向的活动探索方式，通过一系列问题生成课程。教师实时实地发现、记录幼儿的问题，引导幼儿自主解决问题，不断提升幼儿认知经验。

（2）课程开发——"让幼儿发声"

课程以幼儿为建构主体，根据幼儿的兴趣和需要，支持他们创造性地建构自己的课程主题与内容，让幼儿成为课程真正的主人。各班立足幼儿需要，多元开发班本课程，逐步呈现"关键活动"与"个体故事"，先后开展了百余个班级微课程故事，真正让幼儿的成长看得见。

（3）课程深化——"让教研发光"

问题清单：针对教研需要，五星幼儿园请教师列出来自幼儿、活动现场的问题清单。教研组找出一些共性问题，这些问题就成为教研的主题，教研组针对这些问题，以视频、图片、故事的形式进行现场研讨。幼儿园聚焦关键问题，培养

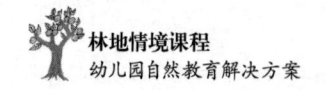

关键人物，以课程组长为主，每个年级组设置林地教研组长，每次教研又聚焦单个或几个切入点，使得研修更为深入聚焦。

转变教研方式：一改往日纸上谈兵的教研模式，进行诊断式教研。每周进行课程审议、复盘和沉浸式教研，开展模拟课观摩。集大家的智慧，服务课程开展。同时，五星幼儿园的教研场地也变得丰富起来，教师们在幼儿园的林地开展模拟课的教研，走进新龙生态林、丁塘河湿地公园开展资源挖掘，前往江阴华德福实施沉浸式的教研。

（4）课程管理——"让家长发力"

构建新型的家园合作关系，谋求理念的共通、行动的配合以及资源最大化的合作。家园合作重"共育"，本着尊重、平等、合作的原则，从理念上改变以往家长与园所地位不对等的情况，在"共育"中转变家长的育儿观。

你可以看到，当听到幼儿说"虫子没有家好可怜"时，家长们自发做起了虫虫屋；你可以看到，家长们带着各类食材来到林地，和幼儿们一起开始舌尖上的盛宴；你可以看到，家长们为幼儿园的各种植被拍摄视频小名片，积极参与到课程的实施中；你还可以看到，家长们带着中草药，走进幼儿们的课堂，和幼儿一起领略中草药文化。最近五星幼儿园还发起了沉浸式的林地探索活动，幼儿和爸爸妈妈们在乘坐地铁的过程中更加熟悉了自己的城市，在坚毅的行走中学会了坚持，在与大自然的亲密接触中感受美、表现美、创造美。

（5）课程分享——"让草根助力"

经过迭代反思，建立草根讲堂模式。年级组推荐在林地课程实践中出现的优秀案例、优秀经验，进行经验分享，在对话的过程中，梳理幼儿园课程行动的可操作性方法——草根方法。让这些具体的经验转化为全园性的经验，为课程的深化、课程的评价做铺垫。

二、林地情境课程转变了幼儿的学习方式

在林地情境课程的实施过程中,教师明显地看到幼儿学习方式和主体地位的转变,原来教师那种高控的"不可以",逐渐转变为尊重幼儿主体地位的鼓励式"试一试"。

五星幼儿园赋予幼儿更多的活动权利。林地里存在着各种风险,教师不惧危险,邀请幼儿共同参与风险评估(见图7-2),并为风险定级,改变了以前谈风险色变的活动现状:舌尖上的林地,帮助幼儿打开味蕾;携手爸爸妈妈行至新龙生态林,捡拾四季;秀木成林,开展森林排队活动。不光是幼儿,教师们也从"不可以"发展到能够"试一试"。在与自然的连接中,林地情境课程很好地增强了幼儿的安全意识,提升了幼儿风险预判以及自我保护的能力,使他们成为乐于探究、善于思考、勇于创造、敬畏生命的完整幼儿。

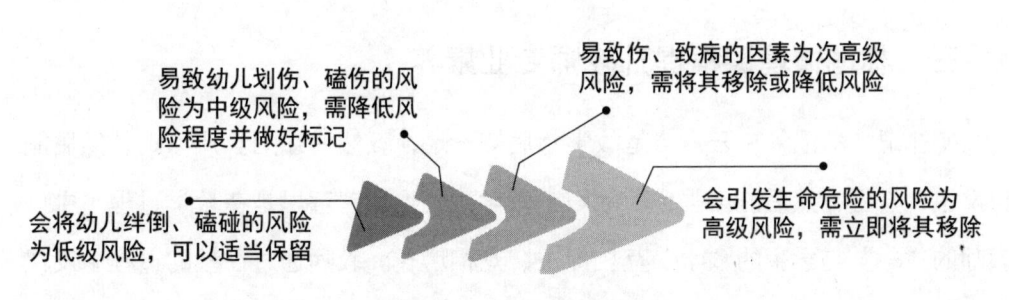

易致幼儿划伤、磕伤的风险为中级风险,需降低风险程度并做好标记

易致伤、致病的因素为次高级风险,需将其移除或降低风险

会将幼儿绊倒、磕碰的风险为低级风险,可以适当保留

会引发生命危险的风险为高级风险,需立即将其移除

图7-2 林地活动风险评估

每个人可能都有过这样的体验:当我们回忆过去的事情时会发现,好多事都模糊了,但幼儿时期上树掏鸟窝、下河捞鱼虾、从矮墙上跳下、在沙地里打滚的经历却都历历在目。这是因为人们在亲身体验中所获得的信息是无法磨灭的,在大自然中获得的经验会跟随我们十几年甚至几十年。

在大班的毕业典礼上,大班的小代表有这样一段发言:马上就要毕业了,真舍不得这里。但是因为我长大了,必须上学了,我相信我已经能够成为一名小学生

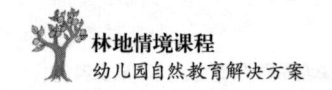

了。因为我从林地里摔倒的时候学会了坚强，我还从爬木架时学会了努力，我能够用耳朵判断大雨还是小雨，还认识了很多不能吃的蘑菇……反正呢，我现在很厉害了。

就像大班的小代表所说的，他已经在幼儿园课程的潜移默化中积累了很多经验，这些宝贵的经验都将是他终生难忘的体验，也会是他人生道路上的助推器。

在十年的时间里，五星幼儿园的幼儿参与的活动多达上百次，辐射幼儿人数四千余人。根据家长及园内教师的反馈，幼儿在身体和心理方面都有显著变化。在身体发展方面，由于户外活动增多，粗大动作和精细动作都得到快速发展。幼儿从畏惧酷暑严寒、风霜雨雪天气转向愿意挑战自然、与自然共生，这使幼儿的感冒生病现象减少，出勤率变高。在心理发展方面，有的幼儿从内向转为外向，有的从胆小变勇敢，有的从被动变主动，幼儿的好奇心和求知欲被大大满足，在解决问题、合作分工、观察记录和语言表达等方面也都有不同程度的积极反馈。

三、林地情境课程提升教师专业素养

《礼记·学记》有云："是故学然后知不足，教然后知困。知不足，然后能自反也；知困，然后能自强也。故曰：教学相长也。"意思是在教学过程当中，教师的"教"与学生的"学"互相促进、互相增长。教师通过在教的过程中发现问题、解决问题，不但能使学生得到进步，还可以使教师本身的水准得到提高。在支持幼儿过程中，教师们不断从细节中"看见幼儿""尊重幼儿"，让自己真正成长为勇创新、善思辨、求发展的学习型教师。教师对课程的认识及其实践也不再是外部要求的"你应该"，而是基于对幼儿发展以及课程实践深刻认识的"我可以"。

例如，某个周三上午的第三节课，是刚刚参加工作的豆豆老师带领中班的幼儿到林地里寻找"春天"。活动开始后，幼儿们纷纷向豆豆老师报告自己找到的"春天"：有的找到一朵花，有的看到小树刚刚发出嫩芽，还有的听到了春风的声音……看着幼儿们兴高采烈、开动脑筋积极寻找"春天"的样子,豆豆老师开心极了。但是,问题很快就出现了,随着幼儿们寻找的范围不断扩大,豆豆老师不得不一次次呼喊和追寻他们。

课程的后半段,是豆豆老师为大家朗读关于春天的诗歌和散文,她希望幼儿们不仅能够"看见春天",还能够"体会春天"。但令她没想到的是,没多会儿,就有幼儿嘟囔着说:"豆豆老师,您读出来的春天为什么软绵绵的,我都想睡觉了……"于是,豆豆老师认真总结了课堂上幼儿们的表现以及出现的问题,逐步改进教学方法,以便让幼儿们在林地课上不会走散,她还报名了朗诵课程,让自己的朗读水平大大提高。

在每一次研修中都能找到自己的高光时刻,在深度思考中让自己的行动从一种偶发的下意识做法,转变为自己主张的有意行为,以此来增强教育改革的自豪感。

十年来,笔者本人先后获得"江苏省教科研工作先进个人""常州市高级校长""常州市骨干园长""常州市教育管理拔尖人才""常州市优秀教育工作者"等荣誉称号,主持两项省级课题、三项市级课题。笔者也一直遵循到教师中去、到教学一线去的原则,组织教师积极参加各级各类的教育教学评比,发挥学科带头人的作用,以点带面,营造良好的学术氛围。近几年笔者带领园所的教师行走在理念转变、体系变革、资源管理的道路上,助力园所实现了学习中心转移、教学模式改变、教师角色进化等目标。五星幼儿园新增市拔尖人才、骨干园长、市学科带头人1人,市骨干3人,市教学能手1人,市教坛新秀2人。3人被授予区"金种子"教师称号,3人被评为市"优秀班主任",2人被评为市"优秀教育工作者",1人被评为市"德育先进工作者",1人被评为市"劳动教育优秀指导教师"。全园教师取得各类市区级评优多次,竞赛活动获奖60余次,市区级公开课展示10余节,片区级以上公开讲座5场。教师在省级以上报刊发表文章150余篇。

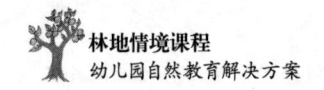

第二节　林地情境课程之于家长观念优化的促进

　　一个孩子的成长离不开教师、家长、孩子三个角色的共同努力，只有三者共同成长，孩子才能快乐且全面地成长。在我们的林地课程中，不仅让幼儿在游戏中获取知识、认知以及身体素质的全面提高，也让园所的教师们逐渐走向最好的自己。当然，在不断的家园沟通当中，五星幼儿园的理念也同样影响着家长，使幼儿家长在不断成长，最终与教师形成合力，为幼儿成长创造良好的条件。家长对幼儿园教育教学工作的参与也从表面化走向了深度参与。

　　许多家长表示自己小时候就是从大自然中玩出来的，但是更多的家长把五星幼儿园的林地教育理念解读停留在了表面，例如带幼儿去动物园看动物、去植物园赏花等。渐渐地，通过幼儿在五星幼儿园的自然课程探索，家长在孩子们身上看到了他们对动物的热爱之情、对植物的保护欲望、对自然现象的好奇以及对自然资源的敏感度。许多家长开始思考真正的自然教育是什么，开始不自觉地从被动告知孩子自然知识转变为引导孩子去积极探索和思考自然。

　　在实践过程中，家长们自发做起了虫虫屋，和幼儿们一起开始舌尖上的盛宴，为幼儿园的各种植被拍摄视频小名片，带着中草药和幼儿们一起领略中草药文化……这种种积极建设家园联系的实践，让家长也能从林地课程中获益，并成为课程的坚定支持者。家长们的只言片语真实地反映了他们观念的变化。

　　小一班琳琳妈妈："我觉得咱们的林地课程实在是太好了，虽然我们才来到园里仅仅半年，但是琳琳相比之前开朗了很多。原来琳琳比较害羞，但是现在经常在家里来客人时主动为大家表演'落叶跳舞'，我知道那些动作都是她自己胡乱编的，但是看着她大大方方地展示自己，我觉得我们真是收获太多了。"

小二班兔兔爸爸："我想说的其实并不是兔兔，而是林地课程对于缓解我们的家庭矛盾做出了非常大的贡献。真的，大家可能不知道，我爱人和我都是主张让孩子多接触大自然，但可惜的是孩子的爷爷奶奶却总认为地上脏，怕兔兔因此而生病。为此，我们也时常发生矛盾，有好几次大家都闹得很不开心。但是，自从参加园里林地课程开始，半年以来，兔兔不仅没有生病，反而变得更加强壮了。看到孙子越来越健康，爷爷奶奶也就慢慢认同了让孩子接触大自然的理念。现在，家里气氛一派祥和，真的要感谢咱们园里开设的林地课程呢。"

中六班依依爸爸："说起来，我感觉很惭愧，因为最初我对林地课程是抱着一种不那么信任的态度的。当然不是因为课程不好，而是我对依依太娇惯了。因为依依是女孩儿嘛，所以当爸爸的就不由得对她很宠溺，整天为她提心吊胆，生怕她磕了碰了，我心疼嘛。但是，通过这一年多的课程我发现，老师们在课上的安全措施以及安全讲解都做得十分到位，依依不但没有受过伤，还成了我们家里的'树林安全宣传大使'，时不时就给我们讲一讲在树林里要注意哪些安全事项。这可真是大大出乎我的意料了。"

大四班然然妈妈："我其实早就盼望着然然能够多参加一些室外的活动，和大自然亲密接触。因为最开始带娃的时候，我总是担心各种东西不干净，怕然然生病，所以什么都不敢让他碰。但怕什么来什么，然然在上幼儿园之前真的总是在生病。后来，听过一个讲座，知道了让孩子在大自然中成长才是最健康的，所以我在给然然挑选幼儿园的时候就坚定地选择了这个园。果然，上幼儿园之后，他的身体素质好多了。这两年多里，然然几乎没怎么生过病。"

张爷爷："对我来说，孩子们饭量增加了，也不挑食了，我就更开心了，哈哈哈哈。"

此外，还有一封来自中一班悠悠小朋友的奶奶写给王园长的信，让大家更加

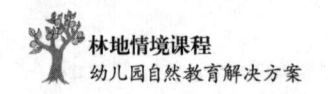

坚定了要将五星幼儿园的林地课程做得越来越好的决心。

王园长：

您好！首先感谢您在百忙之中读我这封信。这封信我酝酿了很久，很多话应该亲口向您说，但我每次见到您都觉得万分羞愧，一直开不了口，所以只能借助此信来表达我的歉意了。在这里，我郑重地向您说一声：对不起！那些日子是我这个老太婆无理了。

从悠悠进入幼儿园，开始参加林地课程开始，我就一直推三阻四地不让悠悠参加，您和各位老师都苦口婆心地劝我，耐心地给我讲解林地课程的好处，告诉我孩子在大自然中才能快乐健康地成长，但我就是一直固执地认为，林地里不安全、不卫生，所以给园里和老师们的工作带来了很多麻烦。

这还不止，更让我感到羞愧的是，那次您说"现代育儿观念和方法与过去不一样了"时，我竟然还指责您"不懂教孩子"，回想起来真是让我无地自容。

然而，一年过去了，悠悠现在已经升入了中班。我也慢慢看到了悠悠的成长，她比以前更爱笑了，身体素质也提高了，以前挑食的毛病也改善了很多，甚至还跟我说起在林地里看到蘑菇时老师们讲了蘑菇的营养和食用安全，因此主动要求我到超市给她买蘑菇吃。要知道，她从小就十分抗拒吃蘑菇。这可多亏了老师们和咱们的林地课程。

所以，千言万语都不说了，在给您道歉的同时，我还要再加上一句：谢谢您！谢谢老师们！

悠悠奶奶
2022年9月3日

第三节　林地情境课程的进阶之路

在不断探索和实践的过程中，五星幼儿园始终保持着对课程改革的热情和对幼儿发展的深刻关注。未来，幼儿园将继续深化课程改革，以确保每个幼儿都能在幼儿园获得最佳的学习体验和发展机会。

一、深化课程融合，推广生态教育

在未来的工作和实践中，五星幼儿园将进一步整合不同领域的课程内容，打破学科界限，让幼儿们在跨学科的项目中获得更全面的知识和技能。幼儿园将继续通过主题探究、项目学习等方式，让幼儿们在真实情境中发现问题、解决问题，培养他们的创新思维和实践能力。

第一，推广生态教育。五星幼儿园将继续推广生态教育，让幼儿们在与自然的互动中学习和成长。幼儿园将通过建立更多的户外学习基地，如生态园、农场等，让幼儿们在自然环境中观察、实验和探索，培养他们的环保意识和可持续发展的观念。

第二，提升教师专业发展。五星幼儿园将持续关注教师的专业成长，通过定期的培训、研讨和学术交流，提升教师的教育理念和教学技能。同时，幼儿园鼓励教师进行教育研究，将理论与实践相结合，不断优化课程内容和教学方法。

第三，加强课程评价。五星幼儿园将进一步完善课程评价体系，通过多元化的评价方式，全面了解幼儿们在各个领域的学习和发展情况。幼儿园通过定期的观察记录、作品集、家长反馈等方式，为每个孩子提供个性化的教育支持和指导。

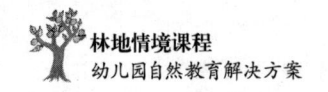

二、强化家园共育，着力做好家庭教育支持

五星幼儿园计划进一步加强与家长的沟通和合作，让家长成为课程实施的重要力量。通过定期的家长工作坊、家长志愿者项目以及家庭作业的创新设计，让家长更好地了解幼儿园的教育理念和课程内容，共同为幼儿的成长提供支持。

第一，建立家庭教育资源中心。在社区内设立一个专门的家庭教育资源中心，提供各种教育资料、书籍和多媒体资源，供家长和幼儿们借阅与使用。此外，家庭教育资源中心还可以定期举办家庭教育工作坊和讲座，帮助家长提升教育技能和方法。

第二，推广家庭阅读计划。鼓励家长与幼儿共同参与阅读活动，建立家庭阅读计划，定期分享读书心得。幼儿园可以与社区图书馆合作，组织定期的亲子阅读时间，让家长和孩子在阅读中增进感情，同时培养幼儿的阅读兴趣和习惯。

第三，创设家庭与社区互动平台。通过线上和线下的方式，为家长和社区成员提供一个经验交流和分享的平台。例如，建立一个社区教育论坛或微信群，让家长可以互相交流育儿心得，分享教育资源，共同解决教育中遇到的问题。

第四，开展家庭教育指导服务。邀请专业的家庭教育指导师，为有需要的家庭提供个性化的指导服务。通过一对一的咨询和指导，帮助家长解决在家庭教育中遇到的具体问题，提升家庭教育质量。

第五，强化社区教育志愿者队伍。鼓励社区内的退休教师、大学生等有教育经验或热情的人士加入志愿者队伍，为家庭和幼儿园提供教育支持。通过志愿者的参与，可以为幼儿们提供更多元化的学习机会，同时增强社区的凝聚力。

CHAPTER 8

第八章

林地情境课程带给我们的成长

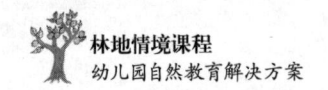

如果你和很多孩子打过交道，或者曾经见证过很多孩子的成长，就会慢慢发现，很多令人头疼的"孩子的问题"其实都不是问题。在林地里和幼儿们摸爬滚打了很多年，五星幼儿园的教师们发现了一个问题：真正需要改变的是我们，而不是孩子。心中有了这样一种观念，我们的幼教之路就会变得开阔且有趣起来。在林地情境课程的探索和实践过程中，教师们用细腻的笔触记录了一些让人感动的瞬间，也记录着自己的心路历程。这些瞬间让大家坚信，幼儿是一个完整且独立自主的生命，其生命勃发的关键在于"引"而非"拔"，成人需要以敬畏、宽容和博爱的心态去看待幼儿发展过程中的千姿百态，并予以审慎的对待。

感悟1 如大地一般"抱抱"孩子

我们都知道，人类不似其他一些动物，在出生后的几个小时内就可以站起来。刚出生的婴儿没有任何生存能力，且几个月之内都无法独立完成任何事情。所以，父母必须守护好这个弱小的生命，必须对婴儿唯一的表达方式——哭，做出积极的回应。

怎么回应呢？就是"抱"。

当我们用双臂将孩子搂在怀里时，你所做的比你意识到的要多得多。你在不经意之间就已经对孩子的情绪、认知和身体发育都产生了好的影响。

在五星幼儿园的林地活动中，幼儿们不仅需要付出很多体力的劳动，也需要开动脑筋独立思考问题的解决办法。因此，总是会有幼儿因为摔倒、小磕碰，或者无法完成一些想法而难过或者生气。此时，幼儿园的老师第一时间都会给幼儿一个结结实实的拥抱，有时老师甚至不需要说太多的话，幼儿就已经感受到了力量和温暖，从而很快就再次投入他们的活动中了。

有研究表明，一个大大的、结结实实的拥抱还有助于缓解暴躁脾气。当孩子发脾气时，他们通常会忘记触发他们情绪的原因，所以别人也很难用语言让孩子停止大喊大叫或扭动，而父亲或母亲的一个拥抱，则可以帮助孩子更快地安静下来。拥抱给孩子带来的情绪上的调节作用并不止于一时，而是一种长期有效的方式。在童年时期经历过很多拥抱的孩子通常都很快乐，这种幸福感会伴随着他们进入成年期。相反地，小时候被拥抱较少的孩子不仅在童年时期幸福感较低，即使到了成年期也依然如此。

此外，多多的拥抱还会让幼儿更聪明。一项针对罗马尼亚孤儿院幼儿的长期研究表明，孩子们只得到满足他们基本需求所需的身体接触，而缺乏拥抱。结果显示，随着年龄增长，他们发育迟缓的迹象越来越明显。即便后来这些孩子被安置到养父母身边，他们的认知似乎也并没有获得提升。可见，错过了幼儿时期，就算再充满爱意的环境也无法扭转缺乏拥抱而导致的发育迟缓现象。所以拥抱孩子也要趁早哦！

简单来说，拥抱是我们与幼儿之间的一座桥梁，也是培养亲密的师生关系、亲子关系的情感纽带。通过拥抱，使孩子知道"我很重要""老师很爱我""爸爸妈妈很爱我""我难过时会有人在我身边"，这种切实的满足感和安全感是支持孩子情绪发展和稳定的重要根基。

但在我们的一些家长中，仍然有人认为孩子一哭就给予回应是错误的，从而放任孩子哭泣或者尖叫。有时候这种处理方式似乎是奏效的，因为一段时间之后孩子果然不再闹腾了，但事情的真相往往更令人担忧，因为这也许是孩子放弃了与你的主动联系。

对于五星幼儿园的教师以及每一位家长来说，每一个幼儿都是独一无二、不可取代的，但对于幼儿来说却并非如此。起初，在幼儿的眼中，父母和老师并没

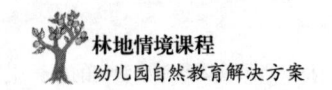

有什么特别之处，然而随着一次次不开心时，总是能听到一个温柔的声音说"不哭啦""怎么了"，总是有一双手臂把自己抱起来轻拍，有一张笑脸看着自己，帮助自己……如此，幼儿的大脑神经就会形成固定的连接——父母或者某位老师是一种特别的存在。相反，对幼儿的漠视也会让幼儿的大脑无法习得"温暖与爱"，在幼儿眼中，这样的老师或者父母与其他人并无特别，那么亲子关系、师生关系就会走向另外的方向。

所以，不管怎样，多抱一抱孩子，多和孩子说话，尽可能多地与孩子做一些肌肤接触，这是让孩子感到真实的爱的有效方法。

也有很多的朋友会问，一天中需要给孩子多少拥抱？这个问题很难回答，因为"抱"只是在传达"我在意你""我爱你"这样的信息，不要试图让拥抱成为你计时的活动。如果你的孩子心烦意乱，他可能想坐在你的腿上，并有一个漫长而舒缓的拥抱；在孩子准备走进幼儿园，或马上要进入一场比赛之前，快速拥抱一下可能就足够了。

不管怎样，笔者只想说，永远不要停止拥抱你的孩子，无论他们是1岁、3岁、5岁、25岁还是75岁，所有这些拥抱都健康有益，且永远不晚！

感悟2　在林地的自由中抓住敏感期

毫无疑问，五星幼儿园的林地课程总是能够给幼儿们以足够的自由，以期让幼儿们能够尽情地释放天性，因此幼儿总是会欢呼雀跃地上每一堂林地课。

但除了让幼儿们在林地里享受自由外，教师也不能忽视孩子看似叛逆实则是敏感的表现。

在幼儿园的一次音乐课堂上，老师希望幼儿们能够全班一起唱一首歌，但佳佳小朋友却并不想听从老师的建议，此时的她更想去读一本书，她的理由是"如果现在不去看那本书,那本书就会腐烂掉"。这显然是个风马牛不相及的理由。为了尊重佳佳的意愿,同时为了保证其他小朋友正常的唱歌进度,老师允许佳佳自己安静地看书。但是,没有几分钟,佳佳又自己回到了唱歌的队伍中。

这样的事情在佳佳身上已经发生了不止一次,大约有将近一个月的时间了,她总是表现出不太听话的样子,这与她之前的形象完全不符。

佳佳的奶奶来接佳佳时也和老师反映过孩子的表现,因为她在家里比在学校还要变本加厉,让全家都无计可施。

其实,不止佳佳家长,很多其他家长也常常反映,有时候原本很听话的孩子突然间就变得很叛逆了,你想让他做的事他总是不大情愿,或者干脆不做。但是过了一段时间孩子又恢复了"正常",所以家长很是苦恼。

到底该怎么做呢?当然是给幼儿足够的自由选择的权利。他们完全可以按照自己的意愿和节奏来决定自己做什么以及什么时间去做,只要是在安全的范围内都是被允许的。这样做的目的是不错过幼儿的成长敏感期。蒙台梭利认为,孩子是有成长敏感期的,即对某件事或者某类事情产生强烈执着情绪的时期,大人们需要尊重并引导孩子顺利度过这些特殊时期,孩子才会更好地成长。

但敏感期从什么时候开始、孩子会对什么敏感却并没有统一的标准,而是因人而异。比如:

一个18个月的幼儿,可能会为了感受沙子的质感而总是想要到沙坑抓沙子,他可能既不想用沙子做出什么形状,也不想把沙子运来运去,他就只是一直用手抓着沙子玩。

一个两岁半的幼儿,可能每天都玩同一辆玩具车,虽然并没有什么新玩法,但他却日复一日、不知疲倦地玩。

四岁的幼儿,也可能会让妈妈连续一周读同一本书,即便你说下一本更有意思,也依旧转移不了他的注意力。

或者,有的幼儿已经到了五六岁仍然沉迷于把所有的小玩具都排成队……

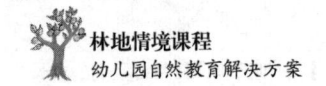

不管是哪一种，让他们尽情地投入、完成、满足，接着进入下一个敏感期，他们就可以在不断重复的事情当中探索到不同的感受。如果我们总是以大人的权威强行要求幼儿遵从我们的指令，那么对幼儿来说不仅违背了他们的意愿，更干扰了他们的注意力。

我们最常犯的错误就是对孩子说现在该做什么了，但却听不到孩子心里说的是"马上就要搭建好了""明明想要看绘本，偏偏要我去散步"。

当然，这并不是说家长就可以完全放任孩子，孩子想干什么就让他们干什么。如果那样，就完全没有秩序了，也是不行的。比如，尽管大多数时间幼儿们都是自由的，但老师也会要求幼儿们在某一段时间内是要一起做一些事情的，以便培养他们的合作能力和规则意识。

敏感期是幼儿迅速获得某个领域能力的必经阶段，也是幼儿得以健康成长的重要的环节。因此，请不要把幼儿的"执着"认定为"任性"，也不要总是试图将幼儿引导到大人认为有趣或有益的事情上去。

感悟 3　不要在林地中夹杂说教

幼儿园很推荐幼儿多多和家长聊天，告诉爸爸妈妈每天在林地里有哪些好玩的事情，自己遇到了什么事情，如何解决等。这也得到了家长们的大力支持。但问题很快就出现了：

中三班的一个小女孩，非常喜欢观察林地里的事物，无论是昆虫小鸟，还是花草树木，她都能安安静静地看上很长时间，这样的专注力对于中班的孩子来说十分不易，老师们都十分欣慰。而且，她还能够说出自己观察到了什么，说起来还头头是道。

然而有一天，老师突然发现她不像往常一样能够观看很长时间，而是过一阵就起来换一个地方。老师以为可能只是那里的事物不符合小朋友的喜好，她只是想要找个她喜欢的去观察，因此并未干涉。一周后，老师发现这个孩子对于户外观察课，乃至整个林地课程都不再那样兴致勃勃了。于是，老师试着问是不是她对课程有她自己的想法或者建议。没想到，小女孩说："不是不喜欢，就是不想来了。"

"为什么呢？"老师问。

"每次我和妈妈讲林地里的事情，妈妈总是让我要这样那样，可是我又做不到。"小女孩说。

当我们问她妈妈说些什么时，孩子很大人模样地叹了口气说：

"说到大树时妈妈就说让我长成栋梁，说到小草时就说让我不怕困难，说到小鸟时又说让我上课少说话，不要叽叽喳喳，还说不要在林地乱爬，不然就丢了……麻烦死了。"

这的确是个问题。试想一下，你正在品尝美食时，有人跟你说这个食物会不会升高血糖、是否有利于骨骼生长、各种添加剂对身体有无危害，或者你正认真读书时，有个人一直在你旁边告诉你要从书上汲取什么知识、获得什么思想，你应该也会感觉很无趣、很厌烦吧。

所以，如果我们想要陪孩子读绘本，愿意享受和孩子依偎在一起的亲密感觉，那么在读完之后只说一句"好了，读完了，真有意思"，就可以了，那些马上要冲出口的"你也要……"就停下吧。如果你想要孩子在幼儿园快快乐乐地上好每一堂课，就照单全收孩子讲述的所有事情，而不是继续对其进行深加工。

所以，这件事情对于我们教育工作者来说也是一个警醒。如果我们总是试图在幼儿们快乐体验某种事情时强行灌输给他们某种理念，往往也会事与愿违。

因为幼儿看待事物总是有他们独特的视角，这些独特的视角有时候比一通大道理对于孩子的成长也许更有意义。

比如，有的小朋友在读《妈妈心，妈妈树》时，发现书中的人物一直都穿

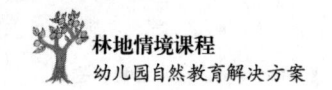

同一件衣服，有的小朋友在读《狮子和老鼠》这本无字绘本时，自己想象出了另一个故事，而有的小朋友则十分喜爱把绘本中的象声词，如"啪嗒""哗啦""嗖"等词语读得很大声，因为他们觉得这样有趣极了。这是属于他们的独创的发现和思考，我们只需要欣赏他们的想法就好，而不是努力从绘本中找到所谓的知识或道理，因为这的确太煞风景了。

五星幼儿园的家长还有另一个疑惑，就是明明已经是大班的孩子了，却还是喜欢做那些看起来只有两三岁的小朋友才喜欢做的事情，而且他们还总是做得乐此不疲。比如，幼儿园的林地课上，有的小朋友在自由活动的时候一直在摆弄小树枝，而且就是将那些小树枝一排排简单地摆放整齐，一遍又一遍，老师常常看不出什么新意来。但当老师问孩子时，他却说第一遍摆放的是小朋友们上课的事情，第二遍摆放的是小朋友们在礼堂听红军故事的事情，第三遍是他某次路过一个学校时，哥哥姐姐在操场做操的事情……

可见，我们看见的未必是幼儿想要表现的。如果我们将幼儿摆放树枝的行为贸然看作乏味、没有创意、幼稚等，则会让幼儿的积极性大打折扣，他很可能不知道自己到底应该做什么才是有趣的、有创意的、有思想的。

所以，笔者要说的是，由着幼儿喜欢就是最好的，他们在每一遍看似简单的操作中都有不一样的感触。即便每次都是读到"小熊'啪叽'一下摔了个大屁蹲"时发出笑声，他们的体验和内心感受也是不同的。

总之，幼儿喜欢就是好的，家长更不需要试图在原本就应该体验自由的林地课程中寻找教育的契机。

感悟 4　善待令人抓狂的孩子

　　总能听到家长抱怨说自己的孩子令人抓狂，说孩子发脾气的时候就像火山喷发，完全无法控制。就算你为了缓解他的情绪，递给他一根棒棒糖，他仍然有可能将棒棒糖扔得远远的。他们会歇斯底里地大哭大闹，或者尖叫打滚儿，大喊"我不""不要"，那声音简直震耳欲聋，仿佛要爆发出他小小身体里的全部能量一般。

　　但如果有家长来跟幼儿园的老师"诉苦"，老师通常会说"那很好啊"，因为这就意味着幼儿进入了一个"反抗期"。"反抗期"的到来是幼儿在向外界表明"我想要做我喜欢的事情""我很厉害，我可以做"的想法。一个从前什么都做不了的幼儿，当有一天突然发现自己觉得某件事很有意思，或者发现自己的身体里充满了能量，这对于他或她来说该是多么欣喜啊！

　　这个时候，家长们如果跳出来说"不行"，幼儿自然是不肯轻易放弃的。当他们对你说"不"的时候，他心里的潜台词其实是"我想"，只是你们的目标不一致罢了。当然，笔者也理解家长们听到幼儿大喊"不要"时糟糕的心情，因为这往往意味着家长的计划要被打乱而不得不重新安排了。

　　在五星幼儿园里也经常遇到这样的幼儿，他们会毫无征兆地发起脾气来，有的还会乱扔东西，甚至躺在地上打滚儿。虽然毫无征兆，但一定有原因。老师们几乎每天都在观察这样的孩子，总结出来的经验是，大多数幼儿的哭闹都是因为想做的事情虽然不断出现，但是自己却因为能力不足或者不敢表达自己的意愿而无法去做这些事情。因此，他们不断积聚的焦急情绪就会在某一刻喷涌而出。

　　家长们会抱怨"孩子就是什么都不听我的"，但在老师看来一个毫无自主意

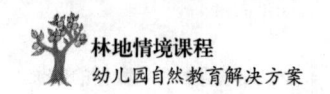

愿，对做什么事情都听父母安排的孩子，在成年以后常常无法成为一个真正的大人。

那么，如何应对这些令人抓狂的孩子呢？

首先要从根源上思考，那就是满足幼儿"要做"的意愿。很多时候，放开手，让幼儿自己去做，这比训斥或者努力地哄孩子更能获得好的效果。

接下来，该怎么满足幼儿"要做"的意愿呢？毕竟幼儿能做的事情仍然是有限的。这就需要家长们耐下心来，不要催促他们"快点，快点"，也不要命令他们"不要这样，要那样"。老师总是会多给幼儿一点时间，让他慢慢来。如果老师发现幼儿实在无法完成，也会不露声色地帮他一下，或者引导幼儿自己完成。

比如，幼儿园的午睡结束后，幼儿们要自己穿好衣服。这时如果有幼儿完成起来很吃力，老师绝不会说"某某某，快一点"或者"来，老师帮你穿"。老师会慢慢引导，比如，老师会对幼儿说："很棒，现在该左边的小脚丫钻洞洞了，对对，往这儿伸；好了，该右边的小脚丫了……"

幼儿因此获得了"我能自己穿衣服"的成就感，不管他用了多长时间，那都是完美的结果。

当然，家长要做的还有尽量消除那些超过幼儿能力范围的情况。比如，衣服纽扣过小，鞋子需要系鞋带，上衣领口过紧，等等。

事实上，幼儿园的老师们几乎每天都要应付这样的孩子，老师们有时也会觉得有点累，相信家长们也是一样。可是，这就是孩子呀！古今中外，有哪个孩子不让大人操一点心呢？更何况这也只是幼儿成长过程中的一个阶段，这是幼儿在渐渐长大呢！

感悟 5　让家长有大树一样的定力

"养育"的含义就是"抚养"和"教育"的结合，至于抚养，没有哪个妈妈是不尽心尽力的，每天变着法儿给孩子做美味又营养的餐食，总是想尽办法让孩子穿得既好看又冷暖适宜。所以现在一般都不需要担心孩子营养不够。

但如果说到"教育"，笔者总是感到有些许恐慌的。人们总说"父母是孩子的第一任老师"，这一点都没错。不仅如此，父母也是孩子的终身老师。现代父母的思想已经比之前进步太多了，大多数父母不再只关注学习，他们也开始注重孩子独立思考的能力。

笔者想说的正是这样一点，妈妈要有"妈妈力"，意思就是父母首先要有自己的判断力。

比如，有很多家长一方面想要孩子不被束缚，因此选择五星幼儿园这个园所。但同时，又在担心：孩子不去参加一些补习班真的可以吗？于是，家长们会让孩子参加周末的学习班，以此来慰藉自己的忧虑，但这却使孩子陷入了疲惫。

当然，笔者从来没有反对过家长的决定，相信每一位家长在为孩子做出某种决定的时候都是经过认真思考的，而且这些决定是他们认为非常有意义的。

还有些家长会单独找到笔者，希望笔者能够将自己多年来的育儿秘籍告诉她。包括孩子不吃饭怎么办，周末要带孩子去什么地方玩儿，选择篮球还是武术，孩子总是爱发脾气要不要去看心理医生等诸多问题，甚至更小的问题自己也拿不定主意。

一个周五晚上，总结了园里一周的情况，已经是傍晚七点钟了，此时幼儿园放学已经两个小时了。笔者刚走出园所的大门，就看见小一班的一位家长还在

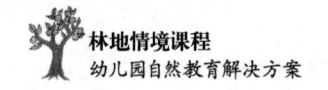

等我。

　　她很有礼貌地说："担心打扰您工作，于是就一直等在大门口。现在我耽误您几分钟，希望您能推荐几本适合孩子读的绘本。现在市面上孩子的绘本实在太多了，我根本不知道孩子适合读什么。我想让她多读一读能够培养独立自主能力的书，毕竟她每天都上林地课程，课程里对这方面的培养也很重视，这样双管齐下，您觉得行吗？"

　　当笔者看到家长为了孩子的成长在绞尽脑汁、不辞辛苦时，感到十分的欣慰。但对于孩子的事情，最终的决定权始终掌握在家长的手里，而不是老师。所以，笔者十分害怕听到家长说"好的，我这就去"，或者"嗯，知道了，听您的"。笔者总是感觉这样完全听从其他人的育儿建议是不行的，就算是权威的教育专家也不行。

　　笔者总在想，如果我对幼儿的家长说"要这样做""应该选择这个而不是那个"，然后家长就按照我说的完全不假思索地去做，即便我说的是正确的，也并不见得就有利于幼儿的成长。因为这样做的结果是，无论经过多久，这位妈妈都无法具备"妈妈力"，一旦离开他人的指导或者建议，这位妈妈就没有办法拿主意。而与此同时，妈妈却在期待自己的孩子能够独立思考。这位妈妈的想法和做法是不是值得我们深思呢？

　　所以，笔者在与家长沟通的时候，总是会传达"园"与"家"是合作关系，而不是领导关系的理念，笔者更希望听到家长能够提出更多的疑惑，这样的沟通是必要的，也是利于幼儿成长的。家长的所有疑惑都可以拿出来一起探讨，但笔者不会给出最后的答案，因为实在不能保证自己的答案是正确的。

　　就像笔者现在陈述的一些观点，也只是个人的认知和思考，大家没有必要全然接受，仅供参考或思考就可以了。甚至，有的家长觉得笔者这样的想法完全错误，那也是好事，这就证明他们并不是囫囵吞枣地盲目接受，这样的家长也许更容易培养出具有独立生存能力的孩子。

感悟6　你可以像树木一样沉默

尼尔·波兹曼在《童年的消逝》一书中说过："没有秘密，就没有幼儿时代。"对于幼儿来说，当他们有了不想让大人知道的事情时，也意味着他们的自我意识开始形成，这些小秘密也是他们健康成长的养料。若是我们总是以爱之名或打着关心的旗号来不断向幼儿打探秘密，则只会把他们推得越来越远。

老师和父母应当是孩子成长路上的引路人，要用理智的心态去关心孩子、爱护孩子，而不是充当审判官，一直威逼利诱让孩子说出实话。

一天，大一班的轩轩妈妈找到老师说，孩子在幼儿园和三班的壮壮打架了，孩子的胳膊红了一小块。老师很疑惑，因为三班并没有一个叫壮壮的孩子，而且一班今天也没有和三班一起活动，于是让妈妈讲述询问孩子的过程。轩轩妈妈说："我问他怎么弄的，他就一直不说。后来我反复追问，他说是老师拉着他走路时用劲太大导致的，我知道这是不可能的，就跟他说：'别撒谎了，告诉我是不是和小朋友打架了？'然后他才告诉我说是和壮壮打架了。我也批评他了，不能撒谎。"

老师并没有告诉轩轩妈妈三班没有"壮壮"，只是道歉地说："很抱歉，我会多注意的。"

但事实是，户外活动时，轩轩想要小雅的木板，小雅不给，于是轩轩抢了木板就跑，结果不小心摔了一跤，才导致胳膊发红。轩轩大概知道自己理亏，因此选择隐瞒。妈妈一再追问，他就只能撒谎了。

老师对这一切亲眼所见，在帮助轩轩查看了胳膊之后，顺便问了一句："轩轩为什么跑这么快？"但轩轩沉默地站在那里一动不动，过了好一阵儿才说：

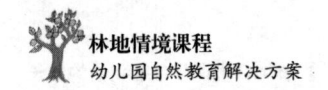

"我现在是一棵树，不能说话。"

老师笑了笑，说："好的，那等你变回轩轩的时候再告诉老师好不好？"

结果，在回教室的路上，轩轩说："老师，我现在不是树，是轩轩……"

所以，对于孩子不想说的事情，或者含糊其词、支吾搪塞，不愿意现在说的事情，我们也就不要再勉强他们说出所谓的真相，可以对他们说："看来你现在可能不想说，那么等你想说的时候再说吧。"把事情暂时搁置，等孩子慢慢消化一下情绪再说会更好。

而面对孩子的谎言，我们都应该有被骗的勇气和度量。立马生气，或者去处罚甚至打骂孩子，往往会适得其反，孩子以后要么继续撒谎，要么选择不再和我们沟通。

悠悠老师上课时，发现自己的一叠卡片不见了，于是她询问小朋友："老师的动物卡片不见了，谁能帮老师找到卡片？"大家都很踊跃，于是教室里开始了热热闹闹的寻宝活动。只有小智径直走到教室后边的角落里，从同学们叠放的美术作品下拿出了卡片，然后跑到老师跟前说："我找到了。"

老师当然看得出来这是小智藏起来的，因为他早就说过太喜欢这一叠动物卡片了。但悠悠老师还是说了："谢谢你啊，小智，我们又可以上课了。"

想来，在他拿出卡片之前，心里也很纠结吧。因为感到了羞愧，所以趁这个"好时机"第一时间拿出卡片。这就说明，小智已经知道错，并且愿意改正了。如果此时老师戳穿小智的伎俩，班里的小朋友一定会指责小智，那么下一次孩子再犯了错误，他也就不敢承认了。

所以，我们无需充当警察，无需明察秋毫地将事情讲得一清二楚。其实，我们大人不是也有很多不想与人说的事情？也隐藏过一些不经意的小错误？如果整天被人逼问，我们是不是也会变得恐惧，甚至逃避呢？

后 记

《林地情境课程：幼儿园自然教育解决方案》一书的完成，离不开常州市钟楼区五星幼儿园全体教师的智慧与辛勤付出。这本书不仅是对五星幼儿园多年来自然教育实践的总结，更是对每一位教师教育智慧的致敬。正是他们的无私奉献和积极探索，才让这片林地成为孩子们自由探索、快乐成长的乐园。

首先，我要特别感谢五星幼儿园林地核心组的老师们：王海燕、李梦婷、江瑜、汤樱、刘洁莹、顾苏、邵洁颖、孙宇阳等，他们是整个林地情境课程的带动者。老师们先进的教育理念和对自然教育的深刻理解，为本书奠定了坚实的理论基础。他们不仅在日常教学中勇于尝试、不断创新，更是在课程开发过程中，倾注了大量的心血和智慧。从课程设计到实施，从效果评估到反馈改进，每一个环节都凝聚着他们的辛勤汗水。正是有了他们的引领和推动，林地情境课程才得以不断完善，成为孩子们心中最喜爱的课程之一。

在本书的编写过程中，五星幼儿园的每一位教师都贡献了自己的智慧和经验。他们不仅提供了丰富的课程案例和生动的教学故事，还通过大量的图片和视频资料，真实记录了孩子们在林地中的成长瞬间。特别感谢以下老师们的辛勤付出：王毅芸、霍瑛、戚徐娜等带领孩子们在林地中探索自然的奥秘，提供了许多关于生态探究的精彩案例；邱燕萍、陈小娇、王银华、周莹等在生活体验情境中的创新实践，尤其是"星火小厨"和"星芒田园"的活动设计，为本书增添

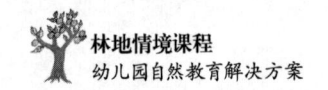

了丰富的实践内容；周春雨、包婷婷、吴敏峰、赵诗珉、袁赤民等在自然运动情境中的独特视角，尤其是"秋千树语"和"高空滑索"的活动设计，让孩子们在运动中感受到自然的魅力。

  我还要感谢五星幼儿园的家长们，感谢他们给予我们充分的信任与配合，始终与我们站在一起，助力孩子们在成长之路上稳步前行。无论是组织各类精彩活动，还是日常的教育教学工作，都有家长们积极参与、默默奉献的身影。正是他们持续不断的支持，让我们更有干劲儿，也让我们收获了更多宝贵的意见和建议，这些都将成为推动我们进步的强大动力。在今后的时光里，我们满怀期待能继续与他们紧密携手，一同陪伴孩子们在亲近自然的旅程中不断收获新的体验，见证孩子们一步一个脚印的成长与进步。

  最后，我还要感谢五星幼儿园的孩子们，正是他们的天真烂漫和对自然的热爱，激发了我们对自然教育的无限思考。他们的每一次探索、每一声欢笑，都是我们前行的动力。

  这本书的出版，不仅是对五星幼儿园自然教育实践的总结，更是对未来教育探索的展望。希望这本书能够为更多的幼儿教育工作者提供启发和借鉴，让更多的孩子在自然中快乐成长，成为热爱自然、尊重生命的人。

王 艳
2025年1月